El

POR **CULPA** DE LA **IRA**...

«Escuchar a alguien hablar sobre la fe en nuestros tiempos no es complicado. Sin embargo, encontrar a una persona que hace vida sus palabras, que reconoce sus tropiezos para allanar el camino de otros, es un fenómeno que varios podemos calificar como un milagro. Ya sea que a Mario Ferro se le entienda como un fenómeno o como un milagro, lo importante es darse la oportunidad de descubrir a través de este libro que esta fe nos brinda una esperanza a los que andamos en busca de un refugio para nuestro ser».

IVÁN CARRILLO
Periodista en cadena de televisión estadounidense
Miami, Florida

«La sencillez de cada una de las vivencias relatadas en este libro nos cautivan y nos conducen a descubrir la realidad de nuestros propios resentimientos, temores y odios guardados. Como resultado, nos hacen reaccionar de manera exagerada y airados ante situaciones casi siempre pequeñas que las vemos como graves. En *Por culpa de la ira*, su autor nos muestra de manera práctica cómo cambiar ese destino de destrucción y ser libres a través del perdón y el amor divinos».

MARÍA ELIZABETH MEDINA
Administradora de Empresas
Pontificia Universidad Javeriana de Bogotá, Colombia

«Como profesional de la medicina, mi mente científica estaba preparada para muchas cosas, no para la fe. Sin embargo, descubrí a un Dios que puede transformar las vidas hoy, que está interesado en nosotros y que desea sanar nuestra alma. Esto es algo que la ciencia jamás podrá lograr, tanto más si se niega su existencia. Este libro me fue llevando de tal manera que tocó fibras muy íntimas. Al descubrir el proceso que llevó a Mario a convertirse en un ser iracundo me enseñó acerca de mí mismo. Además, pude ver cómo se fue dando la lucha en su interior y su sanidad ante mis propios ojos. Disfruté mucho de su fluidez, veracidad y lo actual del tema. Creo que da esperanza a cualquier persona, pues es práctico y espiritual, dos ingredientes encantadores para mí. Qué lindo es descubrir que de veras Dios transforma, renueva y restaura».

DR. CARLOS A. QUINTERO
Investigador clínico profesional certificado

«*Por culpa de la ira* es un trabajo extraordinario apto para jóvenes y adultos, donde el autor narra de una forma descriptiva la batalla campal entre dos personajes protagonistas: la ira y él. Con el paso de sus páginas, me ha permitido encontrar a un tercer protagonista: ¡Yo! Verme reflejado en las vivencias que enfrentó el autor me habla con claridad. Si él tuvo la oportunidad de que la Palabra de Dios lo transformara, yo también puedo entrar en esa batalla y vencer a mi contrincante».

PASTOR JONATHAN CASTILLO

«Este libro será de bendición para muchas vidas. Es impactante como la vida de Mario Ferro ha sido moldeada por el Señor desde que le conocí hasta el día de hoy. Este testimonio ha permeado mi vida y todo lo contado en este libro es lo que me ha ayudado a superar mis defectos, mi mal carácter y me ha llevado a ver las maravillas que puede hacer el Señor y el Espíritu Santo en una vida. Mario Ferro, a través de su ejemplo y su amor, ha mostrado lo que se puede lograr caminando con Jesús cada día».

PASTOR ALEJANDRO BAREÑO

POR **CULPA** DE LA

IRA...

CASI LO PIERDO TODO

MARIO FERRO

Publicado por
Unilit
Medley, FL 33166
© 2016 Editorial Unilit
Primera edición 2016
Todos los derechos reservados.

Edición: *Nancy Pineda*
Diseño de la cubierta e interior: *Ximena Urra*
Imágenes en la portada e interior, usadas con permiso © 2016 Mikhail
Bakunovich. www.shutterstock.com

Producto: 495870 • ISBN 0-7899-2275-4 • ISBN 978-0-7899-2275-5

Categoría: Vida cristiana / Crecimiento espiritual / General
Category: Christian Living / Spiritual Growth /General

Impreso en Colombia
Printed in Colombia

DEDICATORIA

A Nelly, mi amada esposa, quien me hace tan feliz en esta tierra. Mi amor, espero que el Señor nos dé una morada en la que estemos juntos allá en su cielo, porque conocerte y vivir a tu lado ha sido espectacular. Nelly, has logrado hacerme reír y amar la vida. Nunca me dejaste y siempre creíste en mí. No solo me presentaste al Salvador, también me acompañaste en el proceso de mi transformación. Tu amor me ha hecho avanzar, ¿sabes? Estoy más enamorado de ti. Te amo, Nelly Moreno.

A mis tres amados hijos Daniela, David y Camila, que también me dieron su apoyo y esperaron con fe mi cambio. Los amo. ¡Mis tres milagros!

AGRADECIMIENTOS

A mi hermana, quien ha sido una compañera de camino espectacular, al ayudarme con su amor y comprensión. Una mujer valiente, esforzada aventurera y sacrificada, madre ejemplar y abnegada. Sus hijos me bendicen.

A Iván, por su aliento, por los momentos en que me hizo reír con sus chistes mexicanos y así poder disfrutar este proyecto tan querido. Todas las veces que leíste y volviste a leer los borradores se hicieron más gratas con tu sentido del humor.

A Elizabeth, su espiritualidad y guía fueron claves en momentos de no saber por dónde empezar.

A mi equipo de hombres y mujeres que caminan conmigo en el ministerio de manera abnegada por tantos años. Conocieron al Mario antes y después del cambio. Saben quiénes son y cuánto los amo. Gracias por tolerarme.

A Nadeyda, por sus valiosos aportes.

A las iglesias de WWJD, las cuales son un aliciente para seguir caminando con Jesús cada día.

A los pastores que tanta ayuda me brindan al pastorear nuestras iglesias.

A los líderes de WWJD, hombres y mujeres que entregan sus vidas sirviendo a sus discípulos.

A cada una de las ovejitas preciosas que Dios me permite pastorear.

Sobre todo, mi mayor agradecimiento a Dios que me ha dado la fuerza vital y ha prolongado mi vida para culminar este proyecto. ¡A Él sea la gloria!

CONTENIDO

PRÓLOGO

Por culpa de la ira es un libro que será muy valioso para todos, ya sea para ayudarse uno mismo o a cualquier otra persona. Al leerlo, le revelará algunas respuestas precisas de por qué usted, o esa persona, es de la manera que es.

Este libro le mostrará el proceso de Mario Ferro, mi esposo, y cómo Dios nos guio a enfrentar, lidiar y manejar su problema con la ira. Además, disfrutará de una historia dramática, pero encantadora, pues es hermoso descubrir cómo la mano de Dios obra sobre un ser humano. El Mario que Dios me permitió ver desde que nos casamos era hermoso, con un corazón generoso, amoroso y tierno. Sin embargo, la ira que resultaba del recelo a que lo hirieran y de la amenaza a una posible pérdida lo llevó a controlar a través del miedo. Todo esto hacía que fuera un ser horrible con el que nadie quería tratar.

> **A** veces, entraba en la oración devastada, pero salía con fe y llena de esperanza.

La función que cumple quien acompaña al afectado es vital. Quisiera decirle que fue fácil, pero este cambio no sucedió de un día para otro. Creo que la clave fue la constancia en la oración, el ir día a día a refugiarme y desahogarme con mi Señor. A veces, entraba en la oración devastada, pero salía con fe y llena de esperanza, y eso mismo era lo que le transmitía a Mario, pues él no tenía ni un poquito de fe en su propio cambio.

Cuando lo analizamos, notamos que este libro no solo nos enseña acerca de nosotros mismos, sino de los planes que tiene el enemigo para aniquilarnos. Desde siempre, ha tratado de causarnos daño a nosotros, nuestros padres y a nuestros hijos, al crear, de la forma más astuta posible, una cadena de destrucción

y muerte. Si usted lo logra descubrir en su vida, será el principio del cambio.

El caso de Mario era la ira, pero del mismo modo el alcoholismo, las drogas, la depresión, las continuas frustraciones, la amargura crónica, así como toda atadura, ya sea sexual o de otra índole, tienen origen en nuestro pasado. El rencor y la culpa hacen tremendo daño si no se solucionan. En esta historia lo verá.

Tenemos que luchar por lo que Dios nos ha dado ya. Tenemos derecho a ser felices, a vivir vidas nuevas, y eso lo logró Jesús en la cruz. El deseo del Padre es que prosperemos en todas las esferas de la vida. Espero que disfrute este libro tanto como yo, y tenga victoria en lo que emprenda con la ayuda del Espíritu Santo. Su Padre le ama... ¡y recuerde que «todo lo puede en Cristo»!

Nelly Moreno

INTRODUCCIÓN

Por la gracia de Dios, hoy en día soy pastor de una iglesia cristiana preciosa y próspera del sur de la Florida, en Estados Unidos. Tengo un hogar hermoso, tres hijos que amo, un yerno y una nieta que cuando me visita no me deja dormir.

A primera vista, no parecería ser algo extraordinario, pero una vez que usted, amable lector, se adentre en el testimonio que hoy tiene entre sus manos, comprenderá que no es otra cosa que un milagro. En realidad, es una obra divina que permitió que todas esas personas estén aún a mi lado, que continúen conmigo. Todo indicaba que estaba «predestinado» a perderlos para convertirme en un ser amargado y solitario.

> Todo indicaba que estaba «predestinado» a perderlos para convertirme en un ser amargado y solitario.

Debo reconocer que no esperaba que este fuera mi primer libro. En mis profundos anhelos pensaba escribir sobre otras cosas. Pensaba escribir de temas más honrosos que brindaran una mejor imagen sobre la persona que soy ahora. Sin embargo, en mi ejercicio diario como pastor comprendí que sirvo a Dios y su iglesia antes que a mí mismo. De modo que en lugar de intentar explicar los profundos conceptos teológicos o las batallas espirituales que se libran cada día en el mundo, primero debía revelar mi propia historia. Así que comprendí la necesidad de contar mi testimonio sobre cómo enfrenté a ese enemigo empeñado en destruir a mi familia, mi vida, incluso antes de mi nacimiento.

Como todos los humanos, es evidente que no nací siendo pastor, padre, esposo ni mucho menos abuelo. Entonces, ¿cómo llegué hasta el punto que le describí antes? ¿Cómo puedo tener el mayor honor en este mundo de ser uno de los pastores de

Jesucristo después de crecer con un carácter tan explosivo como el mío?

En este libro no encontrará las respuestas a temas de una complicación tan asombrosa. Estas páginas contienen la expresión de una necesidad de contarle sobre algo que obra de manera silenciosa en lo oculto y que incluso destruye más hogares que la infidelidad o los vicios... ¡me refiero a la ira!

Con la misma idea que tiene la mayoría de la gente, me casé para ser feliz y lo hice con la persona más preciosa que había visto en toda mi vida. Deseaba hacerla dichosa, quería colmarla de bienestar y vivir en ese cuento que nos narran a todos desde niños, pero que pocos, muy pocos, han podido experimentar en el mundo real.

> **C**on la misma idea que tiene la mayoría de la gente, me casé para ser feliz y lo hice con la persona más preciosa que había visto en toda mi vida.

A pesar de mis buenas intenciones, mis primeros diez años de matrimonio fueron para mi esposa y mis hijos lo más parecido al infierno. Usted quizá piense que era un hombre terrible, un villano con el rostro marcado por la amargura, pero ante el mundo representaba a una persona próspera, un creyente promedio que asistía a la iglesia con regularidad, que comenzaba a involucrarse en el ministerio.

Si era próspero, me casé con el amor de mi vida y tuve un encuentro con Jesucristo, ¿por qué mi familia vivía con temor? La respuesta era simple y dolorosa: por la ira. Por esa rabia incontrolable que muchas personas sienten y no pueden dominar; por esa violencia que surge con naturalidad en medio de una conversación; por el furor de los gritos sin razón aparente; por ese no poder ser feliz aunque se desea en lo más profundo; por los nervios destrozados de quienes amas; por la cólera que se desborda cuando el mundo no hace lo que tú deseas; por no poder aceptar lo equivocado que estás y reaccionar terriblemente ante las observaciones más pequeñas. En fin, porque mi vida estaba llena de actos de violencia que seguían una secuencia como en un libreto de telenovela lleno de gritos, de reacciones sobredimensionadas y todas con la misma conclusión: con momentos llenos de vergüenza y arrepentimiento que duraban hasta que me «molestaban» de nuevo.

¿Es usted un iracundo o creció junto a uno? ¿Conoce a una persona que se desenvuelve a la perfección en la sociedad, que pasa inadvertida, pero que su familia refleja el temor y la angustia que viven cuando nadie los observa? Lo cierto es que una cosa es lo que vemos en la calle, en el trabajo, en la escuela y en la misma iglesia, pero otra muy distinta la que se vive de la puerta de la casa hacia adentro. Esa casi siempre es otra historia.

> **L**o cierto es que una cosa es lo que vemos en la calle, en el trabajo, en la escuela y en la misma iglesia, pero otra muy distinta la que se vive de la puerta de la casa hacia adentro.

¿Es posible que nos encontremos viviendo la vida de otra persona? ¿Es factible que exista algo así como una herencia espiritual que pase de generación en generación afectando la vida de familias enteras por siglos? Al analizar mi propia vida he concluido que sí. No obstante, ¿cómo puedo repetir los errores de mi padre? ¿Cómo puedo llegar a hacer lo que observé de niño y juré que jamás haría? ¿Cómo puedo tropezar con los mismos obstáculos que mi abuelo y mi padre?

Muchos creemos haber escapado de la herencia familiar porque no tenemos los mismos vicios de los abuelos o los padres, pero no nos damos cuenta que no solo esos aspectos vienen en nuestra información genética. Las malas costumbres, el temor que sentimos o que infundimos en los demás también se incluyen en esa carga informática que es como una maldición. Se trata de algo que está ahí, pero que no puedes palpar, que no puedes identificar a simple vista, que requiere de un profundo discernimiento para comenzar a notarla.

Como una persona creyente en Dios y en el mundo espiritual, he encontrado las respuestas y he podido ayudarme confiando en la Palabra de Dios. Sin embargo, ¿qué pasa con los millones y millones de seres humanos que no lo pueden ver? Muchos creyentes todavía son víctimas de estas entidades de maldad que les impiden gozar de toda la libertad que Dios ha provisto para nosotros, sus hijos, y viven vidas mediocres y pobres en frutos de alegría y paz.

> **E**ste libro es mi testimonio personal de cómo pasé por el valle de la muerte y sentí la protección y el cuidado divinos que no me abandonaron a mi suerte.

Por eso considero que mi deber es contar mi propia historia. Así que llegó el momento de decirle a cada uno de ustedes cómo es que mis hijos han podido ser libres, hasta donde he podido descubrir, de esas potestades que afectaron a mi abuelo, a mi padre y a mí. Este libro es mi testimonio personal de cómo pasé por el valle de la muerte y sentí la protección y el cuidado divinos que no me abandonaron a mi suerte en una vida oscura y llena de temor. De seguro que de eso se valen las huestes de maldad para mantener encadenadas a las personas y hasta restarle poder a los mismos hijos de Dios.

Créame que los demonios de la ira trabajan hoy en día y están más activos de lo que la gente y la misma Iglesia quieren reconocer. Esto lo dice un hombre que fuera escéptico, pero que ante la contundencia de las evidencias no pudo más que aceptar la verdad a base de tropiezos. Este libro se trata de cómo un pastor cristiano logró convertirse en un exiracundo.

UN NACIMIENTO COMPLICADO

Para varios familiares de mis padres, mi nacimiento fue algo que no debió ocurrir. Con una madre diabética y cuatro hermanitos fallecidos al nacer, las apuestas a la hora de mi nacimiento no estaban a mi favor. Menos mal que nuestra llegada a este mundo no se basa en probabilidades de casinos en Las Vegas, sino en propósitos, y yo tenía uno muy grande en mi camino.

Mi madre nació en medio de una familia apegada a los apellidos, al buen nombre y a las posesiones de grandes extensiones de tierra. Mi padre, en cambio, provenía de una familia de clase media del sur de Colombia. Debido a la diabetes que padeció desde los nueve años, mi madre fue una niña consentida a quien se le concedió todo sin que mis abuelos opusieran resistencia alguna.

Y llegó el amor...

Mis padres se conocieron en unas fiestas regionales, quedaron flechados al instante y poco tiempo después se casaron para intentar formar una familia, pese a la oposición de mi familia materna que solo consiguió que ella se aferrara desesperadamente a esa nueva relación. Venciendo todos los obstáculos que se les presentaron, mis padres llegaron a la capital del país para comenzar desde cero.

Gracias a las conexiones de la familia de mi madre, mi padre consiguió un trabajo excelente en el banco emisor de la nación y logró ascender con rapidez. Con esfuerzo y sacrificio, cursó sus estudios y se desarrolló en lo profesional, dándole a mi madre todo a lo que estaba acostumbrada desde niña. Al final, mi padre escaló de manera social y cultural, algo relativamente fácil, debido a su alto coeficiente intelectual.

Si mi padre poseía todas estas cualidades, ¿por qué la familia de mi madre se oponía a esa relación que la hacía tan feliz? ¿Era simple egoísmo o habían visto algo que mi joven madre parecía no notar? Por supuesto, así fue, pues advirtieron con claridad el carácter de mi padre con su temperamento irascible y explosivo. Mi madre pensaba que podrían superarlo y, con los ojos cerrados, comenzó su matrimonio con alguien de carácter volátil.

> Lo que veía en su pareja, en el amor de su vida, era a un hombre genial, artista, matemático, músico, odontólogo, karateca, escultor, deportista, pintor, ebanista, carpintero y negociante.

Lo que veía en su pareja, en el amor de su vida, era a un hombre genial, artista, matemático, músico, odontólogo, karateca, escultor, deportista, pintor, ebanista, carpintero y negociante. Podría pensarse que exagero, pero en la vida he conocido a muy pocas personas que tengan las mismas características, que fuera tan virtuoso, tan enamorado de las artes y genio a la vez.

Una triste realidad

Sin duda, las cualidades de mi padre eran muchísimas, pero sus defectos, siendo solo dos, echaron por la borda todo lo demás. Su mal carácter y su afición por la bebida eran una mezcla en extremo peligrosa, tanto que transformó por completo la vida de quienes le amábamos. Cuando tomaba licor, sus sesiones llegaban a extenderse hasta por una semana. Así que las fiestas en mi casa siempre fueron prolongadas y muy agotadoras.

Una vez que mi padre comenzaba cualquier celebración, mi madre escondía los floreros más costosos y las porcelanas, pues ya sabía que habría problemas. En efecto, cuando el trago se le subía a la cabeza de mi padre, las situaciones se transformaban en cuestión de segundos. Bastaba un gesto, que faltara comida o alcohol, que alguien deseara marcharse y que mi padre no estuviera de acuerdo, para que se desataran los gritos, los golpes, las patadas. Todavía hoy no sé cómo no hubo una desgracia mayor debido al alto índice de violencia que se desencadenaba en mi casa.

Por esos rasgos que desde joven mostró mi papá, la familia de mi madre intentó oponerse a los deseos de su hija. Por otro lado, si nunca le habían negado algo, ¿cómo lograrían ahora que ella recapacitara y aceptara un «no» por respuesta? Por consiguiente, nada pudieron hacer y ella se casó con el amor de su vida.

Mi llegada a este mundo

Debido a su enfermedad, mi madre llegó a perder cuatro embarazos antes de que naciera mi hermana mayor. Entonces, una vez concretado este milagro, mi padre anhelaba un hijo varón y mi madre deseaba complacerlo, pensando que quizá así mejoraría en algo su ya tormentosa relación matrimonial. Un 4 de agosto nací yo, con afecciones en el corazón y los pulmones inmaduros aún. Llegué a este mundo de forma prematura y sin pedir permiso, tan solo para alegrarle la vida a mi madre.

Nací en el mes más complicado de gestación, el octavo, en medio de una crisis de los niveles de azúcar en la sangre de mi madre. Mi corazón era demasiado pequeño, y mi peso era tan escaso, que dudaban que me salvara. Como podrán darse cuenta, vine a este mundo con más problemas que soluciones.

Como podrán darse cuenta, vine a este mundo con más problemas que soluciones.

Debido a los problemas cardíacos, el color de mi piel era bastante extraño. Pasé los primeros meses de mi vida en una incubadora y de nuevo las apuestas estaban en mi contra. Aun así, y contra todo pronóstico, seguí creciendo. Desde que me recibieron en este mundo, la vida me dijo que no iba a ser fácil. Por eso es que, sin saberlo, cada prueba por la subsistencia me convirtió en un luchador. Me apegaba a la existencia de tal manera que fue notorio en la familia, y mi madre se encargó de recordarme el valor de cada día que logré sobrevivir en la sala de cuidados de aquel hospital.

No todos comenzamos la vida del mismo modo, pero es un hecho que algún día nos preguntamos: «¿Qué hago aquí?». Justamente en algún momento eso fue lo que me pregunté, pues después de tantas fatigas y afanes a tan corta edad, la vida me parecía bastante trágica. Creía que no era nada especial y que sí requería de mucho esfuerzo. ¿Para qué vine a este mundo? ¡Esa era la cuestión!

Después de pasar por tantas dificultades, llegaban instantes a mi vida que me faltaban las fuerzas. Tal vez usted en algún momento se haya sentido así, pero una palabra que encontré en la Biblia en uno de mis peores momentos, llegó a ser para mí una de las revelaciones fundamentales en mi vida. Se trata del Salmo 139, donde leí que Dios formó mi cuerpo en el vientre de mi madre, que estaba mirando mi embrión y que Él planeó cada partecita mía. Entonces comprendí que mi vida tenía un propósito... ¡al igual que la suya!

2

UNA INFANCIA DISFUNCIONAL

Hoy en día, todavía recuerdo un cenicero de cristal estallando en mil pedazos contra la pared del comedor, solo porque alguien se atrevió a contradecir a mi padre. Cuando llegaba a casa después del trabajo, mi hermana, mi madre y yo deseábamos escondernos o marcharnos, pero no podíamos. En su lugar, debíamos sonreír y saludarlo con un beso en la mejilla, sin importar cuál fuera su actitud. Luego, él se lavaba y mi madre servía la cena. Mi padre comía sin decir una palabra y tampoco nadie hablaba, el silencio era total. Cuando terminaba de cenar, daba unos golpecitos en el plato con su tenedor y esa era la señal que yo debía atender para recoger la mesa mientras él se retiraba a ver algo de televisión, para posteriormente irse a dormir. En ese momento era cuando podíamos distendernos de alguna manera, claro que sin hacer ruido para no despertarlo.

> Recuerdo que algunas veces los nervios de no poder hacer ruido en mi casa hacían que mi hermana y yo no paráramos de reír.

Recuerdo que algunas veces los nervios de no poder hacer ruido en mi casa hacían que mi hermana y yo no paráramos de reír, por lo que debíamos taparnos la boca para no hacer sufrir a nuestra madre. Luego... ¡a dormir en silencio!

Las mañanas eran similares: el desayuno rápido en medio de la tensión porque mi padre se alistaba mientras escuchaba en la radiogramola (para las nuevas generaciones sería el equivalente al iPod o cualquier dispositivo para escuchar música) canciones tristes, boleros o baladas, mientras se afeitaba.

Esa era la rutina diaria mientras mi madre preparaba nuestros almuerzos y nos llevaba al autobús escolar, donde ella enfrentaba otro de sus grandes temores: llegar a perdernos. Mi madre nos sobreprotegía de todo y de todos. Muchas veces ni siquiera subíamos al transporte, pues sentía pesar por dejarnos tan pequeños allí solos. Así que dependiendo del ánimo que tuviera, teníamos o no escuela. Todo esto ocurría a espaldas de mi padre, pues para él la escuela y el estudio eran muy importantes. Tanto era así, que una vez, cuando yo tenía seis años, al descubrir que aún no sabía leer, me sentenció a que si al día siguiente no sabía leer y escribir, me golpearía con una especie de látigo que hizo para la ocasión.

Debo aclarar que aunque aprendí a leer y escribir en veinticuatro horas, mi padre igual encontró el día para usar su tan apreciado método de castigo físico. Ese día mi madre y él tuvieron una gran discusión. Ella salió fuertemente lastimada al recibir los azotes que se dirigían hacia mí. Ese momento aún está fresco en mi memoria, recuerdo que el látigo furioso venía directo a mi rostro, no había nada que hacer, mi cara quedaría marcada por el resto de mi existencia, cuando de pronto el tiempo se detuvo o quizá empezó a andar con más lentitud, no lo sé bien, pero puedo narrar con claridad ese evento.

¿Formación o «deformación»?

En ese entonces, yo era como todos los niños a los seis años, bastante inquieto, pero parece que era demasiado para el sistema nervioso de mi padre. Así que decidió que era tiempo de empezar a formarme y concluyó que la mejor forma de hacerlo era con el mismo método que emplearon con él. Como resultado, confeccionó un látigo compuesto de cuero y el cable de la plancha eléctrica. El escenario estaba preparado y los ánimos calentándose, pues yo era como un acusado al que se le acumulan pruebas en su contra durante el juicio hasta que llega el día de aplicar la sentencia.

Al final, llegó el día de ensayar el nuevo método de castigo. Mi padre no estaba de humor para soportar una imprudencia más de mi parte. Ese día hice algo que le molestó tanto que sin dudarlo fue al armario donde ocultaba su «reformador de caracteres» y sin mediar palabras, solo en un grito seco, levantó su brazo y con furia dirigió sobre el rostro de un pequeño de seis años la ira y el enojo contenidos en todo su ser.

Nada podía hacer para escapar, ya no había tiempo para suplicar. Todo fue muy sorpresivo, y pasó frente a mí sin que pudiera hacer nada para evitarlo. Ahí venía el castigo, el cable y el cuero mezclados en una danza macabra, atravesando el aire, y casi burlándose de mí, pues se unieron para eso.

Las manos una vez artísticas y finas de mi padre acariciaron una y otra vez estos materiales, entrelazándolos de manera que la desobediencia obtuviera su pena con eficacia. Serían implacables, cumplirían su propósito en mí para que aprendiera. Sí, «para que aprendiera». Esa era la frase que él se repetía mientras los entretejía. También para que me acordara, ¿qué cosa me recordarían? ¿Qué cosa quería enseñarme mi padre con esta lección? Bueno, el cuero y el cable no lo sabían. Sin embargo, cuando la frustración, la amargura y la rabia fluyen en un ser humano a través de su sudor, bautiza las cosas con odio y solo pueden provocar maldición y destrucción a su paso.

> **C**asi podía verles sonreír a medida que se acercaban a mí para descargar el castigo a mis acciones infantiles.

Casi podía verles sonreír a medida que se acercaban a mí para descargar el castigo a mis acciones infantiles. Entonces, algo sucedió milagrosamente. En un solo instante algo los detuvo, los frenó en seco, desviándolos por completo de su objetivo principal: mi cara. La sangre brotaba por una herida hecha frente a mis ojos. La pierna de mi madre era como un escudo protector que se atravesó en el camino de la disciplina de mi padre.

Sus palabras aún retumban en mi memoria: «A él no, haga conmigo lo que quiera, pero al niño déjelo en paz», fue el grito de mi madre. Quizá la vergüenza o mirar la condición en la que quedó la pierna de mi madre le hizo escupir una maldición y después solo se marchó. No hubo una pausa para vendar su herida, para una disculpa ni para comprender una situación de por sí irracional. Solo un insulto y se fue. Nos quedamos allí los dos, en silencio. No hubo palabras, aunque la verdad no hacía falta en ese instante en que los ojos de mi madre me mostraron lo que estaba dispuesta a sufrir por mí.

Un amor que no podía entender

Con estos eventos en mi vida desde los primeros años, la idea de un Dios justo se desdibujaba en mi corazón. Muchas veces me hablaron de Dios, de Jesús de Nazaret, de que Él me amaba y de que había estado siempre ahí esperando por mí. Esas palabras sonaban vacías, sin sentido. ¿Cómo un Dios amoroso podría haber permitido que mi pobre madre sufriera ese castigo que yo estaba destinado a recibir?

Dieciséis años después, en medio de una vida que no encontraba su rumbo, este evento pasado en mi vida se magnificó a tal punto que comprendí el porqué Dios, ese Dios compasivo y amoroso, me permitió caminar por este momento oscuro y horrible. Llegar a sentirse amado por Dios es un milagro, llegar a sentirse perdonado es mucho mayor, pero llegar a comprender que Dios siempre ha estado allí, que Jesús ha caminado cada parte del trayecto junto a uno, es la experiencia más sanadora que alguien puede vivir en esta tierra.

llegar a sentirse amado por Dios es un milagro, llegar a sentirse perdonado es mucho mayor, pero llegar a comprender que Dios siempre ha estado allí, que Jesús ha caminado cada parte del trayecto junto a uno, es la experiencia más sanadora que alguien puede vivir en esta tierra.

Ya de adulto visitaba la iglesia, escuchaba sermones, oía buenos consejos, aprendía canciones y hasta leía la Biblia. En cambio, dentro de mí sabía que no podía percibir el amor del Padre celestial del que muchos hablaban sin creerlo en realidad. ¿Cómo creer? ¿Cómo sentir fe en Cristo? ¿Cómo llegar a comprender el amor de Padre que me ofrecía Dios? ¿Cómo perdonar? ¿Cómo, quizá, olvidar?

Una experiencia sobrenatural

De pronto, un día, en medio de la confusión (no me pregunte cómo), lo vi... Observé que a Jesús lo flagelaban y sufría uno a uno los fuertes latigazos, como lenguas de serpientes, destrozando su preciosa piel. Lo vi ahí, humillado, recibiendo el castigo sin ser culpable de nada. Un eco glorioso y eterno que recorrió los tiempos llegó a mi vida en ese preciso instante.

Ese látigo, esas manos, el aire enrarecido por la ira, dos escenarios distintos y tan parecidos a la vez... ¡y en ambos estaba yo! Era yo en mi casa a los seis años, el látigo, la furia y la pierna de mi madre atravesándose. Dos mil años antes y después éramos el látigo, el cuerpo, la piel preciosa de mi Maestro Jesús atravesándose y yo. Dios me hablaba y por fin la Palabra cobraba sentido para mí. La Biblia dice que el castigo de nuestras rebeliones fue sobre Él, que por la llaga de Cristo fuimos curados y que Él se hizo maldición para que las maldiciones no cayeran sobre los hijos de Dios.

Por años, no había podido sentir a Jesús cerca, y cada vez que me hablaban del amor de Dios, en el fondo me reía. En cambio, ahí estaba la verdad, clara, trasparente, diáfana: el amor de mi madre se asemejaba al amor de Dios. Ella estuvo dispuesta a colocar su ser entre la ira y mi rostro, y Jesús se interpuso por orden del Padre entre mi merecido castigo y yo.

Piense ahora en una experiencia propia en la que alguien le ayudó, en la que alguien sin saber por qué pagó algo por usted. Eso es extraño en un mundo lleno de egoísmo y materialismo, pero Dios utiliza a seres humanos y circunstancias para manifestarse a sus criaturas de manera que nadie le pueda negar.

> **D**ios utiliza a seres humanos y circunstancias para manifestarse a sus criaturas de manera que nadie le pueda negar.

La realidad del amor de Dios

Lo que intento transmitirle aquí es que debe llegar a sentirse amado por Dios, perdonado, libre. Si no se puede sentir el amor de Dios, no será posible amar a otros con ese preciso y maravilloso amor. Hoy es el día, no es casualidad que usted y yo estemos «hablando» de este asunto. Arrodíllese donde se encuentre y pídale a Dios un toque, una revelación de su amor genuino. Si le han maltratado, humillado o abusado, o si por el contrario usted se lo ha hecho a otros, es necesario que reciba este milagroso don en este mismo instante.

Perdonar y ser perdonado... ¡esa es la clave! No obstante, sin el permiso del cielo es imposible para un ser humano hacerlo de manera auténtica. Clame y no ceda en su empeño. Llene los cielos con sus oraciones hasta que se le conceda, y recuerde siempre que el castigo era para usted. También reflexione en que Jesús ha estado caminado a su lado cada día, aun sin que usted lo haya percibido.

LAS CICATRICES DE LA MEMORIA

En este recorrido por los episodios que marcaron mi niñez, hay otro momento que sin duda dejó huella en mí. La camisa de Gerardo, mi padre, estaba desgarrada, ensangrentada y abierta debido a los escasos botones que le quedaban en ella. Su ondulado pelo castaño oscuro estaba desordenado y apelmazado por completo debido a la mezcla de sudor con sangre. Estaba recostado en la litera de una celda, y cuando nos vio, se abalanzó sobre los barrotes que le detenían y comenzó a decir algunas cosas que ya olvidé.

Gloria, mi madre, lo contemplaba atónita, pero resignada, una escena algo conocida ya. Eran las tres de la mañana en una ciudad donde la oscuridad es la guarida perfecta para asaltantes y malvivientes. Justo ahí estábamos mi hermana, dos años mayor que yo, mi madre, mi padre al otro lado de las rejas pidiendo salir y yo. La familia entera estaba reunida en ese horrible lugar por algo que la mitad de nosotros no comprendíamos.

Todo comenzó cuando mi mamá nos despertó en la madrugada y nos vistió. Nos dijo que debíamos acompañarla porque no podía dejarnos solos en la casa y no tenía a nadie que pudiera venir a cuidarnos. Así que salimos en la oscuridad para tomar un taxi. Caminamos por calles desiertas y peligrosas. Gloria era un ama de casa que no estaba acostumbrada a los líos de esta clase. Aun así, nos preparó para salir en la noche de un viernes para amanecer sábado, tomando un cuchillo de cocina que llevaba como protección entre su abrigo de paño negro.

Ahora creo que hubiera sido incapaz de usarlo, pero me imagino que la hacía sentir mejor. Por fin llegamos a esa comisaría llena de vagabundos, policías y borrachos, donde mi padre, todavía algo ebrio, nos hablaba a través de los barrotes. Mi madre pagó la fianza y nos dejaron llevarlo con nosotros en el mismo taxi que todavía nos esperaba afuera.

> ¡**Q**ué lejos estaba de imaginar que más o menos unos quince años después me encontraría en una situación similar!

Mi mamá nos explicó que esa noche mi padre salió de fiesta con uno de sus mejores amigos y que, en medio de los tragos, se pelearon hasta tal grado que uno estaba encerrado en una celda y el otro en la contigua. Al parecer, fue una pelea bastante fuerte. El cuerpo de mi padre mostraba muchos raspones, heridas y moretones, además de la sangre que cubría su rostro y parte de la ropa. A mí me parecía todo muy feo, desagradable, patético, ajeno.

La misma escena con otros protagonistas

¡Qué lejos estaba de imaginar que más o menos unos quince años después me encontraría en una situación similar! Allí estaba yo, en una celda provisional de un sitio de detención en medio de la calle esperando que me condujeran a una cárcel por agredir a un hombre en el estacionamiento de un centro comercial. Todo comenzó cuando un desconocido me agredió luego de que lo asustara con mi forma de conducir tan veloz por el estacionamiento del lugar.

El individuo se metió por la ventanilla del conductor para golpearme en medio de los gritos de furia más terribles. Poco sabía este pobre hombre que su furia no era nada comparada con la mía. Lo golpeé en defensa propia, pero quedó tan maltrecho, que para cuando la policía llegó pasé de agredido a agresor.

Según los policías que arribaron al lugar, el hombre presentaba varias heridas mientras que yo casi no tenía nada y era mi palabra contra la suya. Por lo tanto, me tocaría demostrar mi inocencia ante un juez, pero primero pasando por una celda. Al final, logré llegar a un acuerdo con el sujeto, no sin antes girar una buena suma de dinero para que mi nombre no se viera involucrado en un escándalo de prensa, ya que para ese entonces me había convertido en un conocido actor de televisión.

> Tal vez esa escena volviera a mí para que recordara que todo tiene un inicio y que nada es producto de la casualidad.

Tal vez esa escena volviera a mí para que recordara que todo tiene un inicio y que nada es producto de la casualidad. Mi padre y yo terminamos en épocas distintas en celdas similares. ¿Cómo termina uno convirtiéndose en lo que teme, en aquello que nunca deseó ser? Ese momento en que me encontraba detenido fue solo una antesala de lo que tendría que vivir años después.

4

UNA **NAVIDAD** SIN **REGALOS**

Mi padre dijo que en esa Navidad no habría regalos. Así que le prohibió a mi madre que nos diera algo a mi hermana y a mí. No había motivos, no había razón, solo era su forma de vengarse de Dios por lo que le negó esa triste Navidad.

En el medio cristiano se habla mucho de la sujeción y la obediencia de la mujer hacia el hombre. Se enseña que la mujer debe acatar de manera incondicional las órdenes de su marido. Sin embargo, creo firmemente que si mi madre hubiese hecho todo lo que mi padre ordenaba, ni mi hermana ni yo hubiésemos alcanzado la mayoría de edad.

Un suceso inesperado

Recuerdo esa Navidad como si hubiera sido ayer. Me hablaban del nacimiento del niño Dios y que era una época de felicidad. Entonces, por esta causa, los padres les daban a sus hijos regalos de parte de Dios. Con siete años encima, el concepto de Dios todavía no estaba muy claro en mi mente. Solo sabía que era alguien muy bueno que vivía en el cielo y que daba regalos en Navidad porque un niñito suyo nacía cada diciembre. Esa Navidad sería la última que disfrutaríamos como familia, ya que la nube que representaba la palabra divorcio se cernía sobre nuestro hogar.

¿Cuánto más podría resistir mi madre? ¿Cuánto maltrato sobre ella y sobre nosotros estaba dispuesta a soportar? De seguro que ya tenía la respuesta, y si iba a hacer algo, ese era el momento de actuar.

> **E**n casa, los incidentes eran cada vez más graves y los altercados ponían al descubierto que mi padre no estaba capacitado para administrar una familia.

En casa, los incidentes eran cada vez más graves y los altercados ponían al descubierto que mi padre no estaba capacitado para administrar una familia. Gloria estaba embarazada de una pequeñita. (Lo curioso es que no recuerdo haberla visto gordita ni con pancita, solo recuerdo su salida hacia el hospital para el día del parto).

El siguiente recuerdo es de mi padre bebiendo y poniendo música. Según me dijeron, mi madre estaba en el hospital, y pronto tendríamos una nueva integrante en la familia. Aun así, ¿por qué mi papá estaba en la casa? Nadie me lo dijo en ese entonces, pero después supe que mi hermanita nació y un día después murió. Por esta razón, mi padre bebía y culpaba al cielo de todas sus desgracias. La música sonaba muy triste. Eran boleros de Javier Solís, música hecha e inspirada en momentos de tremenda angustia y desesperación.

Créame, no contribuía de manera positiva al ánimo de alguien que, como mi padre, lo que necesitaba en ese instante eran palabras de aliento, no de alguien que murió a los treinta y cuatro años de edad y que era famoso por cantar canciones como: «Sombras nada más» y «Soy un triste payaso». La música estaba a todo volumen, el aparato estereofónico no podía gritar más fuerte, la botella se estaba vaciando con rapidez, pero no importaba. En el estante de donde salió aquella, había muchas más dispuestas a ahogar la pena de alguien que creía de veras ser el más infeliz de todos los mortales ese día. Alguien deseaba acallar su tristeza a toda costa, ese hombre era mi padre. Alguien a quien a pesar de todo yo amaba y admiraba de manera sin igual.

Cuando mi padre no bebía, era muy especial. Se trataba de un ser dotado de muchos atributos y cualidades. Era un alto ejecutivo del banco emisor de nuestro país, un hombre nacido para triunfar como decían todos los que le conocían. Claro, ellos no estaban allí ese día.

En peligro inminente

La botella se terminó, dejó escapar su última gota, como quien exhala su último aliento antes de morir. Poco a poco, mi padre dirigió sus pasos al bar que él construyó con sus propias manos, en busca de las demás botellas de *whisky*.

Las lágrimas que nunca derramó porque nadie les mostró el camino, pues desde niño le enseñaron con sangre que «los hombres no lloran», eran testigos silentes de algo más que tristeza. A esta hora, se trataba de una furia ciega, de una ira alimentada por el vaho alcohólico mezclado con los recuerdos de una vida trágica, como la de un volcán antes de entrar en erupción. Cuando llegó la erupción, la tempestad, la explosión del sin sentido, yo estaba en la ruta del desastre, de lo incontenible.

> Cuando llegó la erupción, la tempestad, la explosión del sin sentido, yo estaba en la ruta del desastre, de lo incontenible.

Quizá respirara más fuerte de lo debido o caminara sin descalzarme. Hoy todavía no lo sé, pero él notó mi presencia. Su mirada se dirigió hacia mí y supe en ese instante que debía escapar, huir... ¿pero dónde podría esconderme de alguien tan grande y fuerte? ¿Qué pared podría poner espacio entre alguien que tenía el poder de acabar con mi existencia de un golpe? ¡Salí corriendo! Creo que fue por instinto de supervivencia, ese mismo que Dios colocó en nosotros para mantenernos vivos en medio de los peligros.

Mi padre vino tras de mí, tomó algo de la mesa, apenas si lo vi, el solo brillo me heló la sangre. Con todo, si hasta ahora ni una sola cortada me había hecho en el cuerpo, ¿por qué temía? ¿Cómo sabía yo que ese instrumento cuyo filo ya saboreaba mi piel podría lastimarme? Bueno, no había tiempo para muchas reflexiones. El caso era sobrevivir. ¿Hasta cuándo? No importaba, cada instante era vida, y la vida debía conservarla. Eso era lo que mi cerebro me decía a cada segundo. Llegué hasta la alcoba matrimonial... ¿y mi madre? ¿Dónde estaba el escudo divino? ¿Dónde estaba ahora la que me protegía en momentos como este?

Mi espalda quedó contra la cabecera de la cama, me encogí lo más que mis músculos me permitieron, pero él caminaba con rapidez hacia mí. Todo fue veloz, como una coreografía macabra planeada con meses de anticipación. La hoja afilada se extendió hacia mí, y como en un espasmo, coloqué un cojín muy grueso entre ella y yo. Una vez más, algo recibía el golpe en mi lugar. Escapé entero, sin un rasguño. Mi padre, alcancé a verle mientras corría hacia la puerta, quedó tendido en la cama. Parecía que meditaba en lo que estuvo a punto de hacerle a su único hijo varón de siete años.

Corrí por toda la casa, llegué hasta la puerta y ahí estaba ella, mi ángel, la caricia del cielo. Mi cuerpo tomó su forma y me abracé a ella como deseando jamás haber visto la luz de este mundo y continuar en su vientre donde nunca conocí la soledad ni la tristeza.

Su sonrisa me devolvió el aliento perdido por la carrera. Me miró a los ojos y me juró que todo estaba bien, que todo iba a estar mejor. Ella había dejado el hospital en contra de las recomendaciones del médico. Arriesgó su propia vida porque sabía que en casa dos vidas muy pequeñas podrían extinguirse sin su ayuda, las dos personas que más amó sobre esta tierra. El incidente quedo ahí, solo en mi memoria, pero ella sabía... yo sé que sabía sin que yo se lo contara.

El recuerdo de una sonrisa

Desobedeciendo a mi padre, ¡esa Navidad sí hubo regalos! Escondidos en un armario se encontraban, riéndose de mi padre, «el bebé Angelino» y la motocicleta de baterías más bella que mis ojos hubieran visto jamás. Los moños y el papel de regalo me enseñaron que había nacido el niño Dios y que todo era felicidad. Aun así, ¿por qué las lágrimas de mi madre? Bueno, ese día a mi pequeña hermanita recién nacida debían enterrar y con ella las esperanzas de que su matrimonio se salvara.

Al volver la vista atrás, recuerdo de nuevo la sonrisa y el abrazo de mi madre ese día, y sé que no fueron normales. Hoy puedo sentir el amor de Dios que fluía a cada instante a través de ella hacia mí. Ese amor Dios lo ha puesto en casi cada madre sobre esta tierra como un reflejo de su presencia en nuestra vida. Esa sonrisa hoy sigue sanándome a pesar de no estar conmigo. Esa sonrisa me recuerda cómo Dios me amó desde el principio. Él se encargó de salvar mi vida ese día. Se encargó de traerme hasta acá hoy para decirle a usted que Él desea sanarle, darle una nueva vida y oportunidad. Solo recuerde esa sonrisa de alguien en su pasado, el abrazo tierno que le confortó, la palabra que como un bálsamo le alivió, ahí estaba Él.

> **S**olo recuerde esa sonrisa de alguien en su pasado, el abrazo tierno que le confortó, la palabra que como un bálsamo le alivió, ahí estaba Él.

Dios permitió esa caricia como una muestra de su amor. El amor de Dios es el que sana. El amor y la ternura de nuestro buen Padre es lo que guía a otros a bendecirnos con su sola presencia. No debe caer en el error de quienes afirman que «se hicieron solos», que nadie les ayudó. Siempre una mano se nos ha tendido en el camino. La amnesia no es buena cuando se trata de gratitud. Piense en esa sonrisa, en esa caricia, ¡y sienta el reflejo de Dios presente en su vida!

5

LA **SEPARACIÓN**

Para nuestro padre, la provisión económica era una priori-
dad. En otras palabras, tener la despensa llena y la nevera
repleta de cosas eran símbolos de prosperidad y bienestar. En
ese entonces no se imaginaba que su matrimonio se desmorona-
ba y se encontraba herido de muerte. Con una esposa cada vez
más enferma y unos hijos traumatizados al extremo, no quedaba mucho por hacer.

Mi madre buscó todo tipo de ayuda tanto para ella como
para él y sus hijos. Poco a poco sus nervios se fueron deterioran-
do y comenzó a consumir pastillas recetadas por su psiquiatra.
Yo veía cómo consumía cajas enteras de esas píldoras y las tomaba como si fueran caramelos. Llegó al punto de que ya no era
solo una píldora, ahora eran varias.

Así que los sobres se desocupaban con rapidez. Luego llamaba desesperada al médico, pues según su opinión, esas pastillas ya no le hacían efecto. Como resultado, las cápsulas se
sustituían por otras diferentes y más poderosas. De modo que
mi madre terminó por ser una adicta a los tranquilizantes. Sabía
que no podía soportar por sí sola tanta angustia. Necesitaba
algo que la ayudara a estar tranquila en medio de la furia de mi
padre.

De modo que mi madre terminó por ser una adicta a los tranquilizantes. Sabía que no podía soportar por sí sola tanta angustia. Necesitaba algo que la ayudara a estar tranquila en medio de la furia de mi padre.

Ahora, la dependencia a las pastillas de mi madre era cada vez mayor. Pasamos de las visitas a domicilio de los médicos, a las largas y aburridas esperas en los consultorios, lugares extraños donde siempre había gente adulta sentada por horas con caras que fingían no necesitar ayuda. En estos lugares, las salas de espera solían tener una foto grande de una enfermera con un dedo en la boca haciendo una señal de silencio y una música que pretendía calmar el ánimo, pero que en realidad llenaba el ambiente de melancolía. La rutina se repetía tantas veces a la semana, que yo llegué a pensar que el pasatiempo de mi madre era estar sentada en una sala de espera.

Un giro inesperado

Un día todo cambió, recuerdo que dejé a mi madre en una sala de espera con el pretexto de ir al baño, pero por curiosidad entré en una conferencia que daban en ese mismo lugar. Me senté en la última fila, y por esas cosas de la vida, empecé a entender lo que decía el médico expositor. En su explicación describía con claridad la enfermedad de mi madre, lo comprendí todo, era incurable. Además, me dio a entender que iba a morir muy joven. Fue algo terrible, doloroso. Ese día supe que a ella le quedaba muy poco tiempo de vida y me sentí mareado, transportado a otro lugar. Mi mente me jugó una mala pasada y era como si el salón se extendiera y se encogiera en una sinfonía sin fin.

El hombre terminó y yo me levanté casi mareado, y con nauseas caminé por los pasillos. Por primera vez entendí lo que significaba morir: separación, dolor, extrañar, dejar ir lo más querido. Lloré por dentro de mí sin lágrimas, sin gestos externos, solo sintiendo el vacío de un futuro sin mi madre. Cuando la vi, ni siquiera pude abrazarla. La percibí como una extraña, como alguien que se quiere ir causándote dolor. De alguna manera comencé a protegerme, pues algo dentro de mí se activó y una barrera invisible e indetectable se empezó a levantar.

> **D**e alguna manera comencé a protegerme, pues algo dentro de mí se activó y una barrera invisible e indetectable se empezó a levantar.

Tuve pesadillas, momentos de dolor entre las pastillas, las jeringuillas y los viajes al médico. La vida se hacía muy poco atractiva para los hijos de Gloria, tanto que tuve que recurrir a mi mente y a la lectura de historietas, novelas de aventuras y cómics para poder escapar de una realidad que me parecía muy dura. Aunque los médicos tienen una excelente voluntad de servir y ayudar a la mayoría de sus pacientes, es poco lo que pueden hacer con una mente que decide apagarse para evitar el dolor.

Un final inevitable

Mi padre también estaba empeorando, y sus ataques de ira se iban recrudeciendo cada vez más. Los gritos, los malos tratos, las peleas sin razón a cualquier hora del día eran lo normal en nuestra casa. Entre la diabetes y los nervios deteriorados, mi mamá luchaba por mantenerse cuerda solo por sus hijos. Sin embargo, poco a poco empezó a caer en la histeria y fue adoptando el carácter disgustado de mi padre. Entonces, llegó el día en que se le enfrentó y él terminó arrojándola por las escaleras del segundo piso de la casa. Yo observaba todo debajo de una mesa pequeña que había en un pasillo, y este fue uno de los momentos más aterradores que he vivido.

Mi madre ya no podía soportar más. No solo se trataba del dolor que le causaba su maltrato físico, sino que sus palabras la secaban por dentro, le quitaban el aliento y las pocas fuerzas que le dejaban su enfermedad. En mi padre nunca hubo un asomo de misericordia ni consideración por nadie. Solo sentía lastima de sí mismo, pues en su mundo él era la única víctima. La situación se hacía insoportable porque Gloria no solo era esposa, sino que era también madre, y lo que vivían sus hijos podían marcarlos más que la ausencia de un padre. Así que tomó la decisión por fin.

El día que nos fuimos, imagino que mi padre llegó a la casa, abrió la puerta como siempre lo hacía, y esperaba que todo estuviese igual. Sin embargo, no fue así... ¡El lugar estaba vacío! Mi madre y sus dos hijos lo abandonaron y solo le dejaron una nota sobre la mesa del comedor, escrita a mano por Gloria, donde le informaba que todo entre ellos llegó a su fin. Le imploraba su perdón y le suplicaba a la vez que no nos buscara, algo imposible siquiera de imaginar por parte de mi padre.

La cena aún debía estar tibia, pues mi madre se preocupó por mi papá hasta el último momento. Lo amaba, pero no podía vivir a su lado, no tanto por ella y su salud, sino porque sabía que si seguíamos allí, tarde o temprano sucedería una desgracia y no estaba dispuesta a permitir que lo más amado sufriera las consecuencias de sus decisiones. No, debía salvar a sus hijos del hombre que amaba.

> Lo amaba, pero no podía vivir a su lado, no tanto por ella y su salud, sino porque sabía que si seguíamos allí, tarde o temprano sucedería una desgracia.

Según me enteré tiempo después, mi padre destrozó todo lo que encontró a su paso. Entonces, hizo lo habitual. Fue al lugar acostumbrado a comprar licor, riñó con alguien en la calle, le dejó sin sentido y regresó a casa a la tristeza, a la melancolía que siempre lo acompañó. Luego, bebió hasta perder el sentido en medio del caos. Al otro día, llamó al trabajo para informar que estaba enfermo. Como detective profesional, buscó el camión que nos ayudó con la mudanza. Días después, lo encontró, y tras colocarle un cuchillo en el cuello al conductor, amenazó con matarlo si no lo llevaba al lugar donde nos dejó. El hombre nos delató.

Ya no estábamos ahí, nos habíamos marchado, pues un familiar alertó a mi madre y salimos huyendo antes de que llegara él. Cuando lo hizo, era evidente que se encontraba ebrio. Se marchó de regreso a casa a continuar haciendo lo que mejor sabía. Meses y años de persecuciones por parte de mi padre, buscándonos hasta debajo de las piedras, no contribuyeron a la sanidad de mi madre. A decir verdad, sus nervios no aguantaban más, así que lentamente perdía su salud y la vida.

6

EL **HOMBRE** NUCLEAR

«El hombre nuclear», o «El hombre de los seis millones de dólares», era una serie de televisión estadounidense que tenía cautivado a nuestro mundo. Incluso, en Hispanoamérica llegó a batir récords de audiencia. A mis diez años de edad, cuánto soñaba con poseer un ejemplar del muñeco que los productores de la serie pusieron en el mercado. En Colombia era tan solo un sueño imposible de alcanzar.

La economía en mi casa no estaba bien. Lo sabía por el rostro preocupado de mi madre. Lo sabía porque terminaron los días del refrigerador rebosante de comida y se abría paso la nueva época de escasez inusitada. La separación de mis padres comenzaba a causar estragos en nuestras vidas. Mi padre se negaba de continuo a darnos la mensualidad pactada ante el juez y decía que ese era el pago de nuestra ingratitud. Aún recuerdo a mi tío Manuel que llegaba algunas noches a llevarnos pan, leche o comida típica de nuestro país: las papitas pequeñas color amarillo y fritas, la famosa «rellena», una especie de tubo lleno de arroz, arveja y otras cosas que me parecían deliciosas, así hoy sea incapaz de comerlas. En ese momento eran manjares venidos de lo alto, «comida de reyes», para nuestra nueva situación y disfuncional familia.

La rutina del dolor

Parecía un acuerdo tácito que la familia de mi madre se turnara para regalarnos comida, ropa y tratar de hacernos la vida un poco más amable. Mi madre empezaba a llamarse a sí misma fracasada, y las pastillas para los nervios o tranquilizantes empezaron a verse con frecuencia sobre su mesita. Cada día, las almohadas humedecidas con sus lágrimas en la noche se secaban al calor de la desesperanza.

> Cada día, las almohadas humedecidas con sus lágrimas en la noche se secaban al calor de la desesperanza.

Era una mujer joven, hermosa, toda una reina de belleza. Su mirada era generosa y compasiva. La gente que la conocía la amaba, y los hombres, ahora lo sé, la deseaban. Entonces, ¿por qué ella se sentía así? ¿Por qué se veía sin futuro? Tenemos que ubicarnos en la época, en el año de 1976. En esos tiempos, la separación matrimonial no era bien vista, mucho menos en la familia y la cultura de mi madre.

El matrimonio era sagrado, era una sola vez y para siempre; no existía la posibilidad del divorcio. ¿Quién podría volver a amarla? ¿Qué hombre sincero desearía hacerse cargo de dos hijos ajenos? Esas eran preguntas que para ella no tendrían respuesta. De modo que solo la animaba el deseo de vernos crecer, de vernos «salir adelante», así a veces tuviera que convencerse a sí misma de que solo le bastaba eso. Para una mujer tan romántica vivir sin el amor era como una condena que cumplía con fidelidad cada día.

Las pastillas para la depresión ya no actuaban con tanta eficacia como antes. Así que, de repente, el sobre amarillo que las contenía cambió a verde. Creo que con el cambio de color aumentaban los miligramos de la concentración. De seguro que no solo cambiaba la apariencia de las pastillas, sino también el humor de Gloria. Poco a poco, fue escapando de la realidad con largas horas de sueño que seguían a la rutina de las píldoras y el vaso con agua.

Mientras tanto, yo jugaba junto con mi hermana a las muñecas. Resulta curioso que la muñeca de ella era preciosa y representaba a la mamá, mientras que mi muñeco, que hacía las veces de padre, era un Pinocho desgastado. ¿Sería todo esto una ironía de la vida que vivíamos sin saberlo siquiera? Al final del juego, la muñeca de mi hermana siempre se divorciaba de Pinocho y los hijos se adentraban en un bosque para escapar del mentiroso de la nariz larga.

Un regalo inesperado

La vida transcurría en la monotonía del silencio, del no hacer ruido para no despertar a una madre que no deseaba vivir. Sin embargo, cada martes en la noche algo aparecía en la pantalla de nuestro televisor en blanco y negro. Se trataba de la serie que paralizaba a la nación. Me refiero a mi héroe que me hacía olvidar por completo lo cotidiano, el que se había adueñado de mis sueños y pensamientos, al que esperaba durante seis días cada semana.

Allí estaba Lee Majors, el actor que encarnaba al hombre nuclear, al de los seis millones de dólares. El hombre que nos alejaba a muchos de la realidad que a veces se antojaba tan triste. No sé si para mi hermana era tan importante como para mí, pero recuerdo muy bien la música, la cámara lenta que acompañaba su vertiginosa carrera, los efectos de audio y sus archirrivales, algunos sacados de la imaginación típica estadounidense, algunos que como Sasquatch, o Pie Grande, nos hacían creer que había un ser tan fuerte y bueno que podíamos sentirnos seguros nosotros, los liliputienses, en medio de un mundo lleno de pies grandes.

> **M**i cumpleaños no prometía mucho esa mañana. Mi madre no daba muestras de que sucedería algo especial, pues me dejó creer que se le había olvidado un día tan importante.

Mi cumpleaños no prometía mucho esa mañana. Mi madre no daba muestras de que sucedería algo especial, pues me dejó creer que se le había olvidado un día tan importante. Así que decidí hacerme el indiferente, mostrar que no me importaba que nadie se acordara de mí y actué lo mejor que pude. Creo que no lo hice muy bien, ya que ella no pudo aguantar más y me dejó ver una caja envuelta en papel de regalo, me deseó un feliz cumpleaños y me la entregó.

La abrí en seguida... ¡y allí estaba él! El muñeco más precioso que he visto en mi vida. No, no estaba soñando, tenía ropa deportiva color rojo y la piel se podía mover para observar los cables que le hacían tan fuerte. Además, su brazo biónico era como el de la televisión. No soñaba, era el día más feliz de mi vida. Mi tía Rosa María, que vivía en Estados Unidos, se acordó de su sobrino en Colombia. Nunca me deshice de la caja, creo que ni una vez jugué con él. Solo lo contemplaba y sabía que todo estaba bien.

El verdadero Héroe

Hoy creo firmemente en lo que voy a describirle. Ese muñeco representaba la bondad, la justicia y la defensa de los más débiles ante la desgracia. Era un hombre que padeció por servir a su patria. Un hombre bueno que ahora dedicaba su vida a servir a otros con su recién adquirido don de la fuerza biónica. Sin embargo, en la vida real, ¿alguien podría ayudarme?

Con el paso de los años, empecé a tener complicaciones, situaciones sin salida. Cuando la tristeza golpeó a mi vida de adulto, ya Lee Majors no podía soportarme y el «Hombre de los seis millones de dólares» salió de la pantalla y cayó en el olvido. ¿En quién podría apoyarme para aguantar la adversidad?

Cuando me hablaron de Él, no lo dudé por un instante. Me dijeron que nació hace dos mil años, que era el Hijo de Dios, que prometía vida en abundancia, paz y descanso a los afligidos. No lo pensé siquiera, dije que sí, que deseaba caminar con Él... y así fue desde ese instante. Jesús de Nazaret entró a mi vida con una sencilla invitación de mi parte. Entró, sanó y continúa sanando mi existencia a cada paso. Encontré el propósito de mi vida al servirle y al hablarles a otros de su amor y su compasión. La paz, que es su sello, me acompaña. Así que no tengo que esperar seis días para verle en blanco y negro.

> **J**esús de Nazaret entró a mi vida con una sencilla invitación de mi parte. Entró, sanó y continúa sanando mi existencia a cada paso.

En estos momentos, la vida tiene el color de la esperanza. No se encuentra enmarcada dentro de dieciséis pulgadas de blanco y negro. Ahora puedo sentirle cerca, animándome a continuar hacia adelante, diciéndome: «No temas porque yo estoy contigo, esfuérzate y se valiente». ¿Y sabe algo? Lo hago, me esfuerzo cada día, y hasta puedo animar a los que se decaen y, de esa manera, Él me usa en la vida de otros.

¿Y usted? ¿Aún no ha recibido su regalo? Pues prepárese, porque a veces los padres fingen que han olvidado las fechas importantes, solo para darnos una sorpresa preciosa al final del día. Alístese y alégrese porque su hombre nuclear está envuelto en una preciosa caja y solo está esperando a que usted lo reciba. Dígale a su buen Padre que necesita esa caricia suya en este día y esté atento a recibirla.

EL **VIEJITO** DEL BASTÓN

Se llamaba Luis Ferro y comencé a escuchar sobre este anciano porque decían que era un problema para la familia. Nadie deseaba hospedarlo, porque incluso algunos de mis tíos enfrentaban dificultades con sus parejas por su prolongada estadía en sus hogares. Ahora era un estorbo, pero años atrás su historia fue distinta, llena de prosperidad, lujos y comodidades. Todo esto contrastaba con el olvido al que ahora estaba condenado en la casa de su hija «la divorciada», la enferma de diabetes, mi madre.

Lo que aprendí de mi abuelo

Quizá mi abuelo representara una carga para toda la familia, pero en mi caso resultaba un enigma que terminaría por dejar una huella en mi vida. Después de un tiempo viviendo en nuestra casa, don Luis Ferro era un total desconocido que no salía de su habitación. Cuando lo hacía, no cruzaba palabra alguna. Nuestra convivencia era casi nula hasta una mañana en que algo cambió.

Antes de salir de casa, y cuando menos imaginaba que se dirigiría a mí, el abuelo se viró y me dijo entre dientes algo así: «¿Quieres venir conmigo?». No esperé ni un segundo, acepté la invitación y salí sin pedirle permiso a mi madre. Fue un día maravilloso, increíble. ¿Qué hicimos? Empezamos a caminar lentamente, creía yo que sin rumbo. Sin embargo, luego llegamos a un parque de algún barrio, con algunas atracciones infantiles y me dejó correr libremente. Ese fue el inicio de varias aventuras y enseñanzas.

Recuerdo en especial un día en que me levantó y me hizo colgar de un pasamanos. Me observó y yo me quede allí arriba, asido por mis dos manos nada más y mis pies colgando en el vacío. Aunque tal vez fuera a un metro la distancia hasta el suelo, yo pensaba con mi corta estatura de ese entonces que se asemejaba a un abismo. Se fue al otro extremo y me dijo que allí me esperaba. Pasé uno a uno los travesaños con mucha dificultad, y para cuando llegué al otro lado, estaba aterrado y con las palmas de las manos laceradas.

> Le mostré mis manos y las ampollas en ellas. Las observó, me miró a los ojos y con amor me dijo: «Van a sanar, pero ahora serás más fuerte y mañana pasarás por estos obstáculos sin temor».

Entonces me sostuvo y me colocó en tierra firme. Le mostré mis manos y las ampollas en ellas. Las observó, me miró a los ojos y con amor me dijo: «Van a sanar, pero ahora serás más fuerte y mañana pasarás por estos obstáculos sin temor. Luego, bueno... luego les enseñarás a tus hijos a hacerlo también y me recordarás cuando ya no esté contigo». No dijimos nada más. Ese día me llevó a la casa tomado de la mano y yo estaba orgulloso. Al final, el hombre más sabio y fuerte me llevaba de su mano.

No sé por qué momento emocional o físico atraviesa usted en este momento. Quizá en el fondo se sienta como un pequeño niño atrapado en un pasamanos muy alto, que sus pies estén suspendidos y lo que ve abajo es casi como un abismo. Tal vez sienta que sus manos están a punto de soltarse y que va a caer. Incluso, puede sentir temor en su corazón. No sé si esa sensación ya resulte conocida en su vida. Es posible que no vea una ayuda cercana, pero créame (y es aquí donde tengo autoridad para hablar), así sea que la sensación de derrota se asome voraz en su mente, quizá haya hecho todo para solucionar su situación por sí mismo, tal vez sus fuerzas y su cordura estén llegando a su fin, este es el mejor momento para usted. Cuando sus fuerzas se agotan, puede abrir los ojos espirituales y ver a alguien más fuerte animándole y dándole el aliento extra para que supere la prueba que está pasando.

Tomado de la mano de Dios

En nuestro tiempo y cultura, cuando un hombre llega a adulto se supone que no debería tener miedos ni temores. Tampoco se supone que debería llorar ni mostrar ningún tipo de debilidad. Debemos llegar a ser algo así como superhombres. Por otro lado, cuando las mujeres lloran, deben escuchar frases como: «¿Otra vez vas a llorar?» o «No llores, por favor».

> La gente no desea ver sufrir a nadie, pero lo único que se logra es sepultar sentimientos sanos que se deben expresar.

Los síntomas de debilidad son mal vistos. La gente no desea ver sufrir a nadie, pero lo único que se logra es sepultar sentimientos sanos que se deben expresar. Con el pasar del tiempo, pude empezar a ver que, como hombre adulto, sentía mucho temor y miedo. La palabra fracaso me hacía estremecer y el rechazo de las personas me angustiaba. Me atormentaba pensar en que podría ser un hombre frustrado. Aun así, no había mayor cosa que pudiera hacer en mi defensa. Era como si un tobogán se hubiese adueñado de mi destino y en una carrera loca me estuviese convirtiendo en lo que más temía: un hombre lleno de ira y rabia.

El miedo hace que nuestras reacciones en muchos casos sean desproporcionadas y que todo, hasta el más mínimo incidente, se convierta en un problema mayor. Entonces la vida empieza a salirse de control y las personas a nuestro alrededor comienzan a sentirse lastimadas, ya sea con nuestro deseo o sin el mismo.

¿Qué hacer cuando las palabras de las personas que nos aman no son suficientes? ¿Qué hacer cuando los buenos consejos solo sirven por un rato? ¿Qué hacer cuando nuestras buenas intenciones se quedan a mitad de camino y otra vez estamos haciendo lo que no deseamos? ¿Qué hacer cuando las manos del abuelo tan querido y admirado son solo un recuerdo?

Llegó el momento de tomarse de la mano de alguien que pueda sostenerlo. Es hora de usar los recursos que no se usaron antes. Es tiempo de agarrarse fuertemente de su Padre celestial. No sé en qué situación pueda encontrarse usted hoy, pero créame, el universo está al alcance de una oración. Si tan solo extiende su mano en un acto sencillo de fe, podrá casi sentir a su Padre celestial asiéndole, sujetándole.

> **¿Quién es Dios en su vida en este preciso instante? Él va a ser lo que usted desee que sea.**

No era la fortaleza física de mi abuelo la que me hacía sentir seguro. Era lo que él representaba para mí. ¿Quién es Dios en su vida en este preciso instante? Él va a ser lo que usted desee que sea. Va a ser quien le sostenga, quien le enseñe, quien le ayude y le aconseje, o solo un concepto vago y religioso en su existir. Él puede hoy ocupar el primer lugar en su vida o solo ser una idea más de algo sobrenatural. Él puede llegar a caminar con usted cada día y tener una relación vital y real con usted, o puede convertirse en alguien del que le hablaron una vez. La lectura diaria de la Palabra de Dios cambió mi concepción de Dios como mi Padre celestial. Escudriñar su Palabra me alimentó. Al hacerla mía, me empezó a convertir en un hombre con esperanza de cambio.

Si tan solo ora al Padre en este momento, le dice que acalle sus miedos y le ayude en algún aspecto específico de su vida, una mano que tal vez sea invisible le mostrará que Él le sostiene. Entonces, una sensación de paz, de confianza, invadirá su ser.

Es hora de confiar en alguien más que en sus propias fuerzas. Siéntase libre de expresarle sus temores a Dios. Jesús expuso todo su ser ante su Padre y no le tuvieron por débil. Él es y seguirá siendo el hombre más valiente que ha pisado el planeta tierra.

8

LA **VIDA** SIN **AMIGOS** DEL **CHICO** NUEVO

Si usted me pregunta cuántos amigos de mi niñez y adolescencia extraño, podría darse cuenta de la poca vida social que llegué a tener. La verdad es que nunca fui una persona muy sociable. Mi círculo de vida se reducía a mi madre, mi hermana, una tía enferma y mi abuelo. Mi madre era una mujer sobreprotectora, imagino que la pérdida de tantos hijos al nacer, el maltrato de mi padre y un divorcio cargado de tantas amenazas acabaron con la poca fortaleza emocional que poseía mi madre.

Veía enemigos en todas partes y peligros por doquier. Por eso mis pesadillas no eran como las de otros niños, las mías se trataban de mi padre, en lugar del hombre feo y malo con la bolsa al hombro o el monstruo en el armario. Mis sueños más aterradores se trataban de mi papá robándome del lado de mi madre y condenándome a vivir de nuevo con él.

> **M**is sueños más aterradores se trataban de mi papá robándome del lado de mi madre y condenándome a vivir de nuevo con él.

La situación llegó a ser tan mala emocionalmente en nuestra pequeña familia, que tuve alucinaciones sobre ver a mi padre en la calle y correr a esconderme de él, para luego darme cuenta de que solo eran fantasías producto de un miedo aterrador a mi papá. La influencia de su violencia nos alcanzaba a todos por igual. Hasta mi tía fue víctima en más de una ocasión de la furia de mi progenitor. Nadie estaba a salvo, al menos eso pensaba en aquel momento.

Una vida sin sentido

¿Quién podría salvarnos? Nadie parecía tener la respuesta. Cada vez que llegábamos a vivir a algún barrio de la ciudad, nuestro comportamiento era similar al de una familia que está en el programa de protección a testigos. Manteníamos un bajo perfil, no socializábamos mucho y yo ni en sueños podía salir solo a la calle. Mi vida social se limitaba a jugar con mi hermana y observar, cuando se podía, a los muchachos de la cuadra jugando a cualquier cosa.

Cuando me inscribían en algún colegio o escuela del barrio, asistía de manera irregular, pues todo dependía de si ese día la enfermedad de mi madre le permitía llevarnos a estudiar a mi hermana y a mí. Por esa razón terminé acostumbrándome a ser siempre el chico nuevo.

Al poco tiempo, cuando alguien ya se había aprendido mi nombre y quizá hasta mi apellido, otra vez debíamos salir corriendo de ese lugar y conseguir de inmediato a dónde mudarnos, ya que parecía que mi padre había descubierto nuestro escondite y las amenazas de matarnos a todos podrían cumplirse. Al llegar a esa nueva locación, la sensación de extrañeza se apoderaba de mí otra vez y nos reducíamos a lo conocido: la televisión y los muñecos que ya no me llenaban tanto.

Por ese entonces empecé a notar que me atraían las canciones románticas. En las noches, al no poder dormir, fantaseaba con una clase de vida distinta donde las limitaciones económicas no eran el pan diario, ni los temores continuos el desayuno en la mañana.

Una pequeña radio con audífonos permitía que una emisora en FM me llenara de palabras aún desconocidas: despecho, traición, desengaño, amor imposible. Todas se me antojaban misteriosas y atractivas hasta el día siguiente cuando las buscaba en el viejo Diccionario Larousse de mi abuelo. Entonces comprendía las canciones y en la siguiente noche entendía más lo que deseaba expresar el cantante.

Empecé a creer que mi madre exageraba con las amenazas de mi padre. Así que, de alguna manera, me rebelaba en contra del encierro al que nos tenía sometidos. «¿Por qué no puedo tener una vida normal?», le gritaba cuando ya no podía más, y ella me decía: «Porque no lo eres», y ahí se acababa todo.

> En realidad, ¿eso era todo en esta vida? ¿Huir de un padre demente y dedicar la vida a escapar?

En realidad, ¿eso era todo en esta vida? ¿Huir de un padre demente y dedicar la vida a escapar? Entonces, ¿qué del fútbol? ¿Qué de aprender a patear un balón? Además, ¿por qué no dejar de ser siempre el niño nuevo? ¿Por qué alguna vez en mi vida no podía yo ser el que se mofara de alguien y no ser el de las mejillas encendidas corriendo a refugiarse en las faldas protectoras de su madre?

Las respuestas no estaban allí. Al menos, no en ese momento de mi vida. Aunque hoy sé que sí se encontraban en ese lugar aunque yo no las viera. Lo cierto es que la mayoría de mis traumas se resolvieron al volver en el tiempo a esas casas y lugares extraños que nunca lograron convertirse en un verdadero hogar. Las respuestas estaban en esos rostros sin nombre a causa de la premura, de la huida intempestiva. Estaban también en la gente que se quedó sin bautizar en mi mente de adolescente. Gente a la cual le guardé rencor y tal vez envidia por años, pero de la cual nunca pude saber su nombre, pues el fantasma aparecía de nuevo amenazante y debíamos escapar.

Al final, ¿era real o no la amenaza? ¿En verdad había un peligro inminente? Siendo ya un adulto supe que mi padre descubrió de nuevo donde vivíamos, así que tuvimos que huir en lo que fuera nuestra segunda escapada en cuestión de segundos. De allí en adelante, mi padre se volvió más eficiente en la búsqueda, pero mi madre también desarrolló una gran intuición y paranoia, lo que muchas veces nos salvó, literalmente, la vida.

El resultado inevitable

Sin embargo, sucedía algo más. Esa inestabilidad me volvió, sin siquiera darme cuenta, en una persona desorientada. Nunca sabía si estábamos en el sur o en el norte, si estábamos pasando por el centro de la ciudad o si por el contrario estábamos en los suburbios. Total, ¿de qué servía poner atención a las direcciones si de todas maneras en ningún lugar duraríamos mucho tiempo?

Con el pasar de los años, conservé la costumbre de mudarme muy a menudo, de no permanecer por mucho tiempo en un lugar, de no tener amigos muy cercanos. Recuerdo que alguna vez casi llegué a parecer el mejor amigo de alguien, pero en el fondo de mi corazón no echaba raíces con ninguna relación, ya fuera amorosa o de amistad. ¿Para qué tenerla si siempre sería de alguna manera el chico nuevo?

No poder salir, no poder relacionarme con gente de mi edad, no llegar a conocer las calles ni los lugares donde vivíamos por temporadas tan cortas, no solo lastimaron mi autoestima y la imagen que tenía de mí mismo, sino que también me convertí en un ser acomplejado que sentía que por donde pasaba, la gente me miraba y de alguna manera se burlaba.

> **N**o me desarrollé con normalidad como individuo. Lo que de veras había en mi ser y lo que mostraba al exterior eran distintos por completo.

No me desarrollé con normalidad como individuo. Lo que de veras había en mi ser y lo que mostraba al exterior eran distintos por completo. Llegué a ser popular en algunos círculos y de alguna manera las muchachas me seguían, pero no podía entregarme. Creo que no llegué a ser un buen amigo y siempre traicionaba de cierto modo esa amistad que me brindaban. ¡Y ni hablar del amor! Una vez conseguida la conquista, me aburría. Entonces, sin que nadie se diera cuenta, buscaba otros pastos más verdes al otro lado de la cerca.

La vida se encargó de confirmarme que tenía razón: ni la amistad ni el amor eran para mí. Siempre sería el que traicionaba la amistad, el que huía del amor, el que no podía permanecer por mucho tiempo en paz y el que se aburría de la rutina de lo bueno y tranquilo. Crecí de esa manera, ¿qué más se podía esperar de mí?

9

ADIÓS, **MARINA**

Mi madre, aunque era una mujer muy joven, era muy inteligente y sabía que su vida se extinguía con lentitud. Comprendía que nunca podría vernos graduar de secundaria, y que pronto mi hermana y yo quedaríamos desprotegidos. La diabetes tipo 1 cobraba otra víctima en esta joven y bella mujer.

Recuerdo que un día nos sentó a mi hermana y a mí y nos preguntó qué queríamos ser al crecer. Nos dio sus razones por las que no estábamos obligados a asistir a ninguna escuela o colegio, y que si teníamos algún talento o virtud, nos ayudaría a desarrollarlo. Es más, que si existía un sueño dentro de nosotros, por insignificante o tonto que nos pareciera, debíamos luchar por conquistarlo. Para mí fue una propuesta colosal. No sabía cuál era en el fondo la motivación de mi madre para decirnos algo de tal magnitud, ni tampoco me importó en ese momento.

> No sabía cuál era en el fondo la motivación de mi madre para decirnos algo de tal magnitud, ni tampoco me importó en ese momento.

¿Qué iba yo a saber de sus miedos y sus temores más profundos? Siempre creí que mi madre era el ser más dulce sobre esta tierra, el más tierno e inocente y también el más maravilloso. Cuando supo que pronto moriría, se propuso dejarnos solo recuerdos bellos a mi hermana y a mí. Deseaba que «sus dos tesoritos» (como nos llamaba) la recordaran como la mejor mamá del mundo... ¡y para mí lo fue!

Una carga dura de llevar

Si leyó los capítulos anteriores, se dará cuenta que mi infancia y adolescencia no tuvieron mucho de normal ni común. Por un lado, el aislamiento total, la incertidumbre, la prohibición de casi toda actividad social. Por otro lado, la libertad de no hacer o estudiar nada. Mientras que los padres de los demás niños y jóvenes de mi edad los presionaban con las calificaciones en sus escuelas y colegios, mi hermana y yo teníamos frente a nosotros, a los once años de edad, la posibilidad de escoger si deseábamos estudiar o no. Mi madre nos ofrecía la panacea, lo que casi todo jovencito anhela: no ir a estudiar si no se nos antojaba.

Allí estaba una propuesta llena de posibilidades, pero a la vez con una enorme carga de responsabilidad propia, pues no podríamos culpar a nadie en el futuro de nuestra propia elección. Más allá de la discusión de si éramos o no aptos para decidir en ese momento, lejos de todas las implicaciones morales y éticas, mi hermana y yo éramos libres de escoger entre las largas madrugadas y el frío mañanero de Bogotá, entre las presiones de los maestros y las bajas calificaciones, entre luchar por ser aceptados en medio de las pequeñas sociedades que son las escuelas y las aulas de clase.

> ¡Qué agotamiento y qué desesperación trae el querer caerle bien a todo el mundo y llegar a ser popular! ¡Qué estrés, qué pánico!

¡Qué agotamiento y qué desesperación trae el querer caerle bien a todo el mundo y llegar a ser popular! ¡Qué estrés, qué

¡pánico! La presión ejercida entre los maestros, los compañeros, las calificaciones y los padres puede llegar a generar una angustia que algunos no pueden soportar siquiera.

Huyendo de mi padre llegamos a vivir en un barrio al occidente de la capital de Colombia. Era un barrio de clase popular. Cuando mi madre salía a hacer las compras o a cualquier lugar donde veía peligro para nosotros, nos dejaba al cuidado de una vecina. Era una adolescente, pero para nosotros era una persona mayor muy simpática. Quizá fuera la única que podía entrar con toda libertad a nuestra casa y jugar con nosotros.

Recuerdo que era una chica muy linda y quizá hasta atractiva. Para mí, eso no importaba mucho todavía. La reclusión y el aislamiento hacían que mis instintos masculinos se desarrollaran con lentitud y normalidad. En mí no existía la premura del desarrollo hormonal que apreciaba en otros de mi misma edad. En ese entonces mis conversaciones eran puras, cargadas de ingenuidad. Así que en este ambiente, Marina, la joven que nos cuidaba, era como el recreo más espectacular que hasta ahora probábamos mi hermana y yo.

Llena de alegría y risas, Marina nos contagiaba y distraía de la cotidianidad, del aburrimiento, y nos llenaba el tiempo con sus juegos y sus bromas. Jugaba con nosotros de una manera que nunca nadie jamás lo haría de nuevo. Recuerdo verla llegar en algunas ocasiones con su uniforme de colegiala. En esos momentos me parecía muy adulta, muy grande, pero era solo una chiquilla que empezaba a crecer. Tal vez tuviera quince o dieciséis años, pero nos llenaba de regocijo verla cantar o esconderse para que nosotros la buscáramos en seguida; y créanme, nunca descansábamos hasta encontrarla. En realidad, amábamos a Marina.

Una renuncia difícil

Un día, Marina dejó de venir. Preguntamos por ella y nadie nos dio razón. Marina no aparecía. Era como si nunca hubiera existido, como si solo mi hermana y yo supiéramos de su vida. Preguntábamos por ella y nos evitaban. Nadie quería hablar del asunto. Al final, mi madre aceptó conversar con nosotros. Nos dijo que Marina no volvería nunca más, que se marchó para siempre.

Recuerdo que me entristecí como nunca antes hasta ese entonces en mi vida. Mi hermana y yo quedamos abrumados. Marina nos dejó también. Mi corazón otra vez tenía que aceptar la pérdida de alguien muy amado. Así, sin razones, sin tiempo de preparación, sin despedidas, solo el vacío, ya no contábamos con la presencia de una persona tan linda.

> Así, sin razones, sin tiempo de preparación, sin despedidas, solo el vacío, ya no contábamos con la presencia de una persona tan linda.

Días después, mi madre le contó a mi hermana que Marina no soportó la presión, pues no había resultado muy buena estudiante y había perdido el año escolar. De modo que no se podría graduar como todos sus compañeros de secundaria y que esto la había destrozado. El miedo a su tenebroso padre y a los castigos de su madre la llevaron a un callejón sin salida. Sin tener a dónde ir, ni en quién apoyarse, Marina tomó un camino que le resultaba más fácil. Marina se quitó la vida para no enfrentarse con la furia de sus padres al perder su año escolar.

A decir verdad, no entendía mucho lo que significaba el suicidio. Solo sabía que Marina ya no estaría con nosotros y eso era muy difícil de aceptar. Para mí era como una traición, pues no quería volver a estar conmigo. No había querido alegrarnos más la vida.

Con los años comprendí que fue todo lo contrario. Mi hermana y yo alegrábamos y distraíamos su vida. De modo que los instantes que pasó junto a nosotros fueron sus mejores momentos. Se distraía de la tortura cotidiana que era su existencia bajo el techo de unos padres iracundos y obsesionados con el estudio, los cuales no podían ver la angustia en los ojos de su preciosa hija.

¡Cuánto los necesitaba! Sin embargo, ellos no pudieron darse cuenta, estaban enfermos. Le infligían castigos y golpes a cambio de malas calificaciones. Ahora recuerdo los moretones en sus brazos y los golpes en sus piernas. Todos se debían a la rabia, a la ira de unos padres que nunca la pudieron apreciar.

Días después, nos mudamos de ese lugar. Atrás quedaban Marina y sus juegos, las escondidas y sus canciones, su risa y su ternura, su alegría infantil y sus padres con la pregunta de por qué les hizo eso siendo ellos tan «buenos».

> **A**trás quedaban Marina y sus juegos, las escondidas y sus canciones, su risa y su ternura, su alegría infantil.

Una nueva realidad

Hoy, con el pasar de los años, veo que Dios permite que gente nos toque y nos impacte de alguna manera. Marina significó mucho para mí con su alegría y distracción en momentos que tanto lo necesitaba. No quiero decirlo literalmente, pero ella fue como un angelito que llenó de vida nuestra vacía existencia, una caricia de Dios en medio de la desolación. Ahí pude ver su protección y amor a través de personas que por breves espacios nos llenaban la vida. Además, me mostró que el camino no era huir, sino todo lo contrario, enfrentar con valor la adversidad y no rendirse jamás.

Dios me habló mucho a través de la corta existencia de Marina. Luego, años más tarde, la vida se puso muy dura para mí en momentos cuando el desaparecer para siempre era el camino más fácil. Tiempos cuando no podía soportar más mis propias angustias y fantasmas. Circunstancias cuando la nada era más soportable que el todo al que me enfrentaba. Se trataba de deudas, enfermedades, muerte de un ser querido, traición de un ser amado, humillación de una derrota, bancarrota, traumas no superados o solo sin saber para qué se está aquí. Todo esto puede llevar a una persona a desear huir, a escapar de cualquier manera y a cualquier precio de una realidad que nos agobia y que se nos presenta desproporcionadamente pesada para llevarse sobre unos hombros tan débiles como los nuestros.

Fue así que Dios me habló, que marcó mi vida de una manera tan indeleble que nunca pude contemplar siquiera la posibilidad de escapar. Marina tomó su decisión, escogió su camino, pero para mí su vida y muerte me seguían hablando. No podía seguir su camino y dejar atrás tantas preguntas sin respuestas. Así que no podía dejar con un interrogante tan grande a los que me amaban. En lo personal, no podía seguir los pasos de Marina. Desde el cielo me habían deparado que siguiera otras huellas: las sandalias de un Carpintero y Pescador de hombres. Siempre tendremos dos sendas que tomar, dos veredas por las cuales seguir, una conduce a la vida y la otra... bueno, la otra no creo que le interese a nadie.

> **C**omprendí que huir no era para mí, que debía enfrentarme con pasión a las cosas que más me intrigaban y atemorizaban.

Comprendí que huir no era para mí, que debía enfrentarme con pasión a las cosas que más me intrigaban y atemorizaban. Al principio, no fue una reflexión clara, no fue una determinación de un solo momento. Fue una idea vaga que con los años se iba afianzando muy dentro de mí. Tenía las opciones de seguir el ejemplo de Marina o el de mi madre, la cual se aferraba a la vida tratando de ayudar a sus hijos y suplicaba al cielo por un día más de existencia.

En cuanto a la pregunta inicial de mi madre, mi hermana y yo decidimos que éramos artistas, que nuestra inclinación era por las artes y que dedicaríamos nuestra vida al canto y a la actuación. Mi madre nos juntó de nuevo y nos dio lo que tenía en ese momento. Fue como su herencia en vida. Nos dio lo necesario para ingresar a una escuela de teatro, una escuela que llegaría a ser el punto de partida de una vida llena de emociones.

Mi hermana y yo no pudimos despedirnos de Marina y nunca más volvimos a hablar de ella. Nunca volvimos a mencionar su nombre en nuestra casa hasta ahora tantos años después. ¿Cómo recordé su nombre? Quizá lo guardara dentro de mi mente para este momento. Tal vez fuera mucho dolor para recordarse. Es posible que de alguna manera nos quedáramos en la boca con las mismas preguntas que sus padres. A lo mejor nunca lo sepamos, así que... *¡adiós, querida Marina!*

LA **PARED** BLANCA

Vivíamos en una ciudad muy grande. Lo digo con certeza, pues nos mudamos a tantos barrios que puedo decir que la conocimos por completo. Esta vez el cambio fue radical, como todo lo nuestro. Debido a que estábamos en el extremo opuesto de la ciudad, fue dramático. Nos mudamos de inmediato a una pequeña casa alquilada, pero que se ajustaba al escaso presupuesto que mi mamá manejaba con habilidad.

Lo que me enseñó el abuelo

Mi abuelo, Luis, se adaptó con facilidad a las nuevas circunstancias. Una vez más me llevó a conocer de cerca nuestro nuevo vecindario. Su mano no me parecía ya tan grande como antes. Con todo, él sentía que aún podía guiarme por este nuevo camino que la vida nos planteaba como familia y que, además, nos llevaba hacía un bosque, uno lleno de pinos que me parecía que llegaban hasta el cielo. Su olor era penetrante y se impregnaba en la ropa de manera tal que parecía que uno se hubiera acabado de bañar.

El abuelo me dijo que en las madrugadas allí se reunía gente para correr al aire libre y para mejorar su condición física. Entonces, si lo deseaba, yo podría empezar a correr para ser más ágil, más veloz y crecer de manera saludable. También me dijo que si observaba bien, aprendería cosas que nunca olvidaría. «Mira los detalles, aprende a observar mientras corres, parece una contradicción, pero con el tiempo lo vas a entender», dijo.

> **C**orrí mucho entre esos árboles, como si quisiera escapar de alguien, como si al correr pudiese dejar atrás tantas cosas que no comprendía.

Corrí mucho entre esos árboles, como si quisiera escapar de alguien, como si al correr pudiese dejar atrás tantas cosas que no comprendía. Pasaba veloz entre los pinos, esquivándolos apenas. En mi veloz carrera, levantaba las hojas caídas y las pinochas, o agujas secas de los pinos, que no dejaban crecer la hierba alrededor de los árboles. En su lugar, formaban caminos interminables y confusos... caminos que no llevaban a ningún lado, senderos que no permitían escapar en realidad de nada. En ese bosque aprendí que por más veloz que fuera y quisiera escapar de esos fantasmas a los que llamamos recuerdos y pensamientos dolorosos, al final entre más hábil y ligero fuera, sería peor.

Mi abuelo me dijo que no es que los recuerdos nos alcancen, sino que uno los alcanza a ellos. Al principio, los dejamos atrás por un tiempo. Luego, con los giros de la vida, los encontramos adelante. Es como pelearse con alguien que siempre le estará esperando en el mismo lugar por siempre, y que cada vez al pasar por allí le tendrá que ver la cara. Los recuerdos dolorosos, los odios y las penas no se dejan atrás, se aprenden, se asimilan y se entregan a nuestros hijos y a los que más amamos.

Son la herencia inevitable, aquella que nadie quiere pero que todos recibimos, la que se presenta sin que la inviten. Es como una enfermedad vergonzosa, la que nadie admite, pero que la poseen todos. Los odios, las peleas ancestrales, los complejos, las taras y las demencias de cada familia son como las enfermedades genéticas que no desea nadie. Aun así, nos acompañan hasta la muerte. Eso decía mi abuelo, pero es que él no conoció otro camino y por eso lo siguió hasta el fin.

> **L**os odios, las peleas ancestrales, los complejos, las taras y las demencias de cada familia son como las enfermedades genéticas que no desea nadie. Aun así, nos acompañan hasta la muerte.

Una sorpresa inesperada

Un día que me habían regalado unos zapatos para correr, me dirigí al bosque. Me aventuré a ir de frente sin parar, sin detenerme, sin girar, siguiendo los sinuosos caminos formados al azar y al antojo de ese grandioso bosque. Pensé que su frondosidad jamás terminaría. Ese lugar me llenaba de esperanza. Era como una vida sin fin, como una existencia de aventuras perpetuas. Sentía algo de miedo en mi interior, pues jamás me había alejado tanto y tan solo.

Ese día salí sin mi hermana. Corrí y corrí hasta quedar sin fuerzas. No sé por cuántas horas lo hice, pero por fin, y para mi completa desilusión, ese bosque inmenso terminó de pronto frente a mí, sin anuncio previo, sin señales de nada. Una enorme pared blanca se levantaba tras el último árbol. No lo podía creer. Había llegado al final del camino. Allí terminaba todo, no había nada más que ver, sino una pared, una pared blanca absurdamente colocada allí... y luego el final.

> **C**on el pasar del tiempo, nos damos cuenta que la vida, al igual que el camino, es duro y se desea por momentos que ya se acabe.

Durante toda mi vida pasada pensé que quizá la existencia era algo así como ese bosque. Cuando se empieza el camino lleno de fuerzas y con todas las cosas nuevas al igual que mis zapatos, por la soberbia de la edad uno cree que nunca se va a acabar. Después, con el pasar del tiempo, nos damos cuenta que la vida, al igual que el camino, es duro y se desea por momentos que ya se acabe. Sin embargo, se reponen las fuerzas, se continúa, y de un momento a otro, sin advertencia de ninguna especie, la pared blanca se atraviesa en el camino y la muerte se hace cargo de cada una de las memorias, de las quejas y penurias. Eso pensaba en ese entonces.

La nueva efigie de la soledad

Recuerdo que un día frío y húmedo, característico de Bogotá, sentí un gélido ambiente de nostalgia interminable. En uno de esos días sin nombre ni número, mi abuelo resbaló en la calle al salir de casa y se golpeó en la cabeza. Lo atendieron de inmediato, pero no hubo mucho que hacer. El precioso viejo se marchó de mi vida tan rápido como entró, dejando en mi existencia una imborrable huella de sabiduría y amor distinta a la que jamás hubiese recibido. Un día de abril, la pared blanca alcanzó a don Luis o él llegó a ella, ya no importa. Se fue por uno de esos caminos y jamás regresó.

La última imagen que se grabó en mi memoria me aterraba. Aprendí a temerle a la muerte de una manera increíble. La forma en que terminó mi amado abuelo me espantaba y por eso evitaba pasar por su cuarto, el cual quedó cerrado con llave. Además de los sentimientos de miedo, ahora debía enfrentarme con la soledad. Mi abuelo era mi único amigo en medio de un barrio donde los jóvenes no jugaban en la calle por miedo a que los atropellaran los autos que salían rápidamente de la ciudad.

> Además de los sentimientos de miedo, ahora debía enfrentarme con la soledad. Mi abuelo era mi único amigo.

Mi soledad creció, y por primera vez pude sentir ese vacío en el alma que mi madre mencionaba tanto. *Así que esa era la vida*, pensé, *andar por acá y por allá, sufrir, perder amigos y gente querida en la carrera.* ¿Dónde estaba mi amigo? ¿Mi compinche? ¿Mi confidente? ¿Adónde se marchó dejándome en el aburrimiento más increíble?

Los días se pasaban para mí como si una nube negra estuviese posada sobre esa casa. Nada me distraía, solo pensaba en él y en por qué me dejó. Mi pregunta de todos los días era: *¿Adónde te fuiste, abuelo?*

Dios respondió

Mi madre estaba muy enferma, había entrado en un coma diabético, y estaba en el hospital. Mi pobre hermanita no podía responderme a ninguno de mis cuestionamientos, Decía para mis adentros: «Así que esa es la vida... caminar y caminar, cansarse, y al final una pared, la nada». Mi madre no podía morir en ese momento. Aún estábamos muy pequeños para quedarnos sin ella. Necesitaba más tiempo antes de que ese diagnóstico que escuché de pequeño sobre la enfermedad de mi madre se cumpliera con cada una de las pesadillas que me atormentaban por épocas. Vivir sin ella, no estaba preparado para perderla.

Así que el cinismo entró por primera vez en mí y comencé a llenarme de argumentos silenciosos en contra de esa fe y de ese Dios que mi madre insistía en presentarme. Busqué el libro que ella respetaba, la Biblia, y en un grito de angustia lo abrí y me encontré con una frase: «Si tuviereis fe como un grano de mostaza, diréis a este monte: Pásate de aquí allá, y se pasará; y nada os será imposible» (Mateo 17:20). Ese era el mensaje que yo necesitaba. Le hablé a Dios y le dije: «Yo tengo fe, ¡ayúdame! No puedes llevarte a mi mamá ahora, la necesitamos. No estamos listos para enfrentar la vida sin ella. ¡Sé que tú puedes hacer un milagro!».

Le hablé a Dios y le dije: «Yo tengo fe, ¡ayúdame! No puedes llevarte a mi mamá ahora, la necesitamos. No estamos listos para enfrentar la vida sin ella. ¡Sé que tú puedes hacer un milagro!».

No hubo relámpagos, ni luces que parpadearon. La Biblia no se movió de su sitio. Ni tan siquiera una pequeña ráfaga de viento se dejó sentir en la habitación. En cambio, de manera increíble, sucedió. Así fue, al otro día le dieron el alta a mi mamá, y se recuperó de manera milagrosa. Me escuchó el Dios con el que ese día estaba peleado, y me cumplió. Cinco años después cuando murió mi madre, estaba listo para responder por mi vida y la de mi hermana.

Mi encuentro con Nelly

Años más tarde después de estudiar y trabajar muy duro, ya estaba en el *modelaje*, cuando me convertí en un modelo profesional. Me contrataron para la grabación de una novela que requería de varios modelos. Me dijeron que ese día estaría donde se encontraba la actriz que por mucho tiempo había querido conocer. Cuando llegué al lugar, ya estaba allí, distante, grabando una escena, y le dije a mi compañero con una seguridad incompresible, extraña: «Yo voy a salir con esa mujer algún día». Mi amigo se rio de mí. En esa ocasión, ella y yo atravesamos siquiera una mirada, una palabra. Creo que ni me vio, pero tenía una certeza dentro de mí que no sería la última vez que se cruzarían nuestros caminos.

> **S**in proponérmelo, me llamaron a participar en una novela y la actriz protagonista era esa mujer que años antes yo decidí que saldría conmigo, Nelly Moreno.

Seis años después, ya siendo actor de teatro y televisión, sin proponérmelo, me llamaron a participar en una novela y la actriz protagonista era esa mujer que años antes yo decidí que saldría conmigo, Nelly Moreno. Bueno, ya la posibilidad no era tan risible. Ahora yo haría en esa novela el papel de su esposo de manera que compartiríamos escena muchas veces. El encuentro fue emocionante. Ahora creo que para ambos. Tal vez para ella fuera «amor a primera vista»... no sé, ¡eso digo yo!

¿Cómo iba a imaginar que esta mujer sería la que me llevaría a conocer a Jesús, la salvación de mi vida? Era evidente que ya era cristiana. Con cada una de sus actitudes me fue mostrando un fervor, una seguridad, una fe en ese amor que yo tanto necesitaba conocer. Dios la usó para llamar mi atención, para contemplar la probabilidad de un Dios real, amoroso y verdadero. Gracias a su testimonio, yo comencé a abrirle la puerta de mi corazón a esa posibilidad que me llevaría a tomar la decisión más importante de mi vida.

Esa novela llegó con su protagonista a mi vida en un momento muy difícil de mi existencia. Después de muchas otras pérdidas, el cinismo me había invadido por completo y lo único que deseaba en el fondo era morir. Una vez que logré tantas cosas materiales y sentirme igual de vacío, mi mente divagaba sobre por qué estaba el ser humano sobre esta tierra si no había más que sufrimiento. Así que nada lo contentaba a uno más que el descanso de la tumba. Sin embargo, allí, en ese lugar, en mi sitio de trabajo, estaba la salida, en el mismo lugar de grabación de la novela.

La pared blanca no es el fin

Luego Nelly me invitó a su iglesia y por primera vez asistí a un templo cristiano que me pareció como un sueño. Esa noche le entregué mi vida a Jesucristo por completo y tres años después, en el mismo templo, Nelly se convertiría en la protagonista de mi propia novela. Prometimos delante de Dios amarnos, acompañarnos y apoyarnos hasta el final de nuestra existencia.

Ese día comprendí que la pared blanca no era el final del camino. Detrás de ella había algo más y que alguien venció ese obstáculo. Alguien que hace dos mil años demostró que el camino de la vida del hombre no terminaba con la muerte, que ese era solo el preámbulo. Alguien que nos mostró que había mucho más. Alguien que saltó la pared blanca, venció la mortaja, cruzó al otro lado y volvió para contarnos todo lo que había detrás. Ese alguien, Jesús, nos reveló que los pinos daban paso a todo tipo de vegetación exuberante y bella, que las cascadas y los ríos enmarcaban un destino sin fin a su lado. El que transitó por el valle de la muerte y regresó victorioso nos dijo que los caminos del hombre conducen a la muerte, a esos caminos repletos de fantasmas, de odios y dolorosos recuerdos. Jesús transitó por el valle de la muerte y regresó victorioso de la misma manera que lo haremos nosotros en cada momento difícil de nuestra vida si decidimos caminar con Él. Lo irrefutable es que Él conoce el camino, pues Él es el camino.

> **D**ios aún me consiente y llama mi atención diciéndome que si insisto en ponerlo en primer lugar en mi vida y en mi corazón, llegarán las respuestas, pues ya están en camino.

El bosque ya no existe, mucho menos la pared. Nunca habría podido saber lo que había en ese lugar. Así que más de veintiséis años después, Dios aún me consiente y llama mi atención diciéndome que si insisto en ponerlo en primer lugar en mi vida y en mi corazón, llegarán las respuestas, pues ya están en camino. ¡Cuánto me hubiera gustado que mi precioso abuelo hubiera escuchado lo que hay detrás de esa gran pared blanca! ¡Cuánto hubiera querido que supiera que la vida no termina ahí, que el camino continúa después de la muerte física y que es una elección el rumbo que tomaremos después de ella!

Si aún no lo ha hecho y quiere recibir ahora ese regalo que transformó mi vida, es muy sencillo, pues está al alcance de una oración.

> *Si confesares con tu boca que Jesús es el Señor, y creyeres en tu corazón que Dios le levantó de los muertos, serás salvo. Porque con el corazón se cree para justicia, pero con la boca se confiesa para salvación.*
>
> ROMANOS 10:9-10

EL **ALCANCE** DEL **ÉXITO**

Los días de privación infantil y adolescente trajeron a mi vida la firme decisión de no ser pobre jamás. Decidí que por todos los medios debía obtener riqueza y admiración en este mundo. En muchas ocasiones veía cómo mi madre tenía que disfrazarnos, literalmente, para no evidenciar nuestra precaria situación económica. Lo que mi padre nos daba casi no alcanzaba para vivir y a duras penas llegábamos al final del mes. Nuestros familiares más cercanos nos daban lo que podían y algunos de ellos fueron muy generosos, cosa por la cual hoy en día me encuentro muy agradecido.

Recuerdo cómo nos traían productos del mercado que con generosidad compartían con nosotros, los hijos de la divorciada. También me acuerdo de un día que nos invitaron a una piñata infantil en casa de algún familiar. La visita a esa preciosa casa, donde había niños, payasos, comida y diversión, fue algo muy especial para alguien tan pequeño como yo que no frecuentaba a tantas personas y mucho menos lugares así.

La visita a esa preciosa casa, donde había niños, payasos, comida y diversión, fue algo muy especial para alguien tan pequeño como yo.

Esta escena se asemejaba al paraíso, pero contrario a mis deseos, no duramos siquiera diez minutos allí. La madre del festejado le dijo a mi madre que esa no era forma de presentarnos en ese lugar. Al parecer, nuestra ropa no era la apropiada. Entonces, antes que se presentaran más humillaciones, mi madre nos sacó del lugar a mi hermana y a mí.

Recuerdo que no paré de llorar en el autobús de regreso a casa. Sin embargo, con mi madre las cosas eran así. No había demasiadas explicaciones. Lo cierto era que deseaba echarse toda la culpa y que no entendiéramos la realidad de lo ocurrido. Mientras que en casa de mi padre vivimos con todos los lujos y las comodidades, fuera de allí solo éramos unos desprotegidos más.

Mi padre nos hacía entender a la perfección su mensaje: «Con él todo, sin él nada». Así vivíamos, entre la caridad de los familiares más afortunados y las medias zurcidas de manera magistral por mi madre. El pan nuestro de cada día llegó a ser frases como estas: «No hay», «No alcanza», «No se puede», «Hoy no, otro día». De esta forma acumulé rabia e ira por nuestra condición de menesterosos, de «los pobretones» de la familia.

La obsesión por el dinero

Cuando llegué a la adolescencia estaba desesperado por producir dinero. Así que decidí entrar al medio de la farándula. Por fin ya no eran solo clases de actuación y música. Ahora deseaba obtener dinero de lo que mi madre nos permitió estudiar por años.

Entré en el mundo del *modelaje*, y pronto empecé a hacer anuncios de televisión y desfiles de moda en todos los lugares del país. Del *modelaje* pasé a la actuación teatral y luego a la televisión. Pronto me hice de un nombre y llegaron la relativa fama y el reconocimiento. La rabia que tenía por dentro me impulsaba a lograr las cosas que otros no podían alcanzar.

Me sentía poderoso, invencible, y empecé a pelear con todo el que tan siquiera me mirara.

Corría por las calles a diario, practicaba baloncesto, fútbol y asistía al gimnasio con regularidad, me sentía poderoso, invencible, y empecé a pelear con todo el que tan siquiera me mirara. Apelaba a esa rabia, y ese ser que habitaba en mí, llegaba a «socorrerme» en los momentos en que necesitaba transformarme en una fiera.

Así destrocé rostros con mis propios puños y no me daba cuenta hasta que terminaba la pelea. Luego, cuando reaccionaba, tenía que huir, marcharme. No soportaba mi propia conciencia ni observar los daños que había causado. Todo el que se metía conmigo recibía, a mi juicio malvado, su merecido.

Lo que llevaba por dentro

La soberbia se apoderó de mí y empecé a ser un «líder» entre mis amigos. Daba consejos de cómo poseer cosas, mujeres y reconocimiento. Miraba a las personas como objetos y a los compañeros como escalones en los cuales colocar mis pies para ascender. Las mujeres no significaban nada. En cambio, si podían beneficiarme de alguna manera, las tomaba en cuenta para escalar.

Poseía un físico agradable y en la televisión me consideraban como un galán o protagonista de telenovelas. Entonces, todos los complejos de inferioridad, de pobreza, privaciones, humillaciones y maltratos se escondían tras la cara del galán del momento.

Caminaba por encima de las nubes y nadie que me conociera de veras habría podido amarme. Lo cierto es que no era fiel, ni buen amigo, ni bueno en nada. Solo me servía a mí mismo y a mis intereses. Ni siquiera recuerdo a mi primera novia ni el primer beso, pues debió ser en algún momento entre pisar a alguien y humillar a otra persona.

> **N**i siquiera recuerdo a mi primera novia ni el primer beso, pues debió ser en algún momento entre pisar a alguien y humillar a otra persona.

En ese entonces no había aceptado a Jesús en mi corazón. Estaba muy ocupado tratando de olvidar la pobreza a la que nos sometió mi padre como para ponerme a pensar en alguien de este mundo. Cuando por momentos sentía que yo pertenecía al otro mundo, al celestial, me creía un Adonis, un semidiós, y de alguna manera se los transmitía a los más cercanos. Sin embargo, por dentro mi propia realidad estaba allí, escondida por la rabia, luchando por disimularse. El temor al fracaso nunca desaparecía, solo se ocultaba por un tiempo.

Un día de grabación en un hotel, recuerdo que la noche anterior estuvimos trabajando hasta muy tarde. Eran exteriores, así que nos encontrábamos fuera de la ciudad. Me sentía exhausto cuando un asistente decidió hacerse el «chistoso» y golpeó con fuerza a mi puerta para hacerme el llamado a maquillaje. Mi sistema nervioso era muy frágil. Así que cualquier cosa me dejaba en un estado muy alterado. El sobresalto fue increíble y llegué rápidamente a la puerta, abrí y pregunté con terror qué pasaba. El hombre me habló de mala forma y ni siquiera se disculpó. Me dijo alguna cosa y en ese instante me transformé. Tiré dos sillas contra la pared y el hombre salió corriendo. Yo salí descalzo y corrí detrás de él en calzoncillos. El hombre alcanzó la calle en seguida.

Aunque todos los técnicos de la novela se encontraban allí, el asistente empezó a correr alrededor de una camioneta que estaba aparcada en el lugar y yo no podía detenerme. Deseaba golpearlo y no parar nunca. Varios hombres se abalanzaron sobre mí y apenas pudieron contenerme. Recuerdo de manera muy vaga lo sucedido, ya que todo esto me lo contaron mis amigos, los testigos.

No me importaba mi trabajo, ni mi reputación. Poco a poco mi «amigo» interior fue adquiriendo nuevas armas para destruir sin golpear. Aprendí a decir palabras de manera inteligente, malvada, frases que destruían por dentro, que dañaban sin dejar rastro aparente. Aprendí a ser mordaz, punzante e irónico. Cuando no podía golpear ni lastimar con mis puños, lo hacía con las palabras. Con los años, mi arsenal se amplió de manera increíble. La violencia se expresaba con puños, patadas, rompiendo puertas, tirando objetos, diciendo palabrotas o groserías u ofendiendo el interior de los demás.

> **M**i carrera ascendía con rapidez, en forma meteórica, y mi «amigo» interior crecía del mismo modo.

Mi carrera ascendía con rapidez, en forma meteórica, y mi «amigo» interior crecía del mismo modo. Sí, estaba alcanzando el éxito según los parámetros de este mundo. En cambio, ¿dónde estaba Dios ese día? En los brazos de esos hombres que se abalanzaron sobre mí y no permitieron que destrozara a ese joven imprudente que se metió con quien no debía en una grabación de una novela.

No puedo calcular cuántas veces Dios me guardó, ni cuántas veces me protegió y rodeó con sus ángeles, aun sin que yo me diera cuenta.

12

LA ESCALERA
AL SEGUNDO PISO

La casa en que nací y me criaron tenía tres pisos. Lo curioso es que la casa en que nacieron y se criaron mis tres hijos también tenía ese número de pisos. En la ciudad de Bogotá de los años setenta, era muy común que las barandillas de las escaleras fueran tubulares y de colores vivos que iban desde el piso y se incrustaban en el techo. Los escalones eran de granito y cemento con bordes muy pronunciados y definidos en escuadra.

Las huellas de la violencia

Un día mi padre, mi madre y yo nos encontrábamos en el segundo piso de nuestra casa. En ese entonces, yo tendría unos seis años, y él discutía de manera acalorada con mi madre sobre algo. De pronto se transformó de inmediato en la fiera que salía a cada momento. Su rostro cambió y un monstruo se apoderó de él. ¿Cómo alguien tan brillante, tan inteligente puede cambiar de esa manera en cuestión de segundos?

Quizá solo los que hayan vivido o padecido de algo así sepan de qué hablo, aunque en muchos casos el olvido se apodere de nosotros para poder seguir viviendo.

Quizá solo los que hayan vivido o padecido de algo así sepan de qué hablo, aunque en muchos casos el olvido se apodere de nosotros para poder seguir viviendo.

La discusión continuaba en la casa de los Ferro. Sin embargo, solo por parte de mi padre, pues mi madre retrocedía hacia las escaleras que llevaban al primer piso. Él la acosaba y empujaba mientras yo trataba de no ver, de no escuchar. Me tapaba los oídos y aún captaba a la perfección sus gritos. Mi madre ya no hablaba, pues la fiera que tenía delante se había apoderado de la escena y hasta la abofeteó. Me di cuenta de que las escaleras estaban muy cerca mientras se escuchaban más gritos, más rabia, más furia, más infierno. Al parecer, le habían dado una excusa y el demonio estaba suelto, o quizá no, solo salía cuando quería. No lo sé, no recuerdo.

Lo que tengo muy presente es mi miedo, el terror, la impotencia, el sentimiento de injusticia. Yo lo admiraba, era mi héroe, mi padre. En cambio, el que estaba frente a mí ya no era él, era otra persona. Alguien que solo esputaba maldiciones, groserías y se deleitaba teniendo el control de todos en esa casa por medio del terror. Otro golpe y las escaleras más cerca, mi madre de espaldas a ellas y yo solo pensaba: *Mamá, gira, mira, detente*, pero no podía hablar, estaba mudo, paralizado. Seis años y ya lo conocía, había visto al diablo en persona y vivía en su casa, en el mismo infierno.

Las frías y duras escaleras de granito molieron el frágil cuerpo de una mujer tan bella como mi madre.

Otro golpe y un paso más atrás. Mi padre la golpeó de nuevo y ella cayó por las escaleras... Las frías y duras escaleras de granito molieron el frágil cuerpo de una mujer tan bella como mi madre. No lloré, no grité, solo fui un testigo mudo de su dolor. No sé qué más pasó, pues él gritaba cosas como que ella tenía la culpa, que le había provocado, que se lo merecía, que se lo buscaba. ¿Cómo alguien puede buscar golpes en la cara y que le arrojen por las escaleras? Luego, se calmó. Esa locura lo abandonó. La ira que le poseía le dejó para que se pudiese sentir mal.

En algún momento la fuerza que da esa temible ira te abandona para que seas víctima de tu propia conciencia, para que cuando despiertes y veas lo que hiciste, el alma se te destroce y sea más fácil seguir que deshacer lo hecho. La vio allí tirada, golpeada y la dejó. Se marchó murmurando y mascullando su propia impotencia de enmendar las cosas. Cuando ella apareció otra vez ante mis ojos, lloraba, caminaba con lentitud. Yo estaba oculto debajo de una mesa donde se colocaba el teléfono... una mesa tan pequeña que apenas podía esconderme.

Era de metal muy delgado pintado de color negro y tiras escuálidas de caucho de colores. Lo cierto es que esa mesa no me escondía de nada, pero yo pensaba que sí, que allí de alguna manera estaría a salvo del diablo, del demonio de la ira y de la furia que poseía a mi padre. Sin embargo, ¿cómo podía estar a salvo si vivía en el infierno? Ella pasó junto a mí rumbo al baño. Iba a lavarse sus heridas, pero así como esa mesa no me cubría, el agua no reparaba la humillación y el terror que se alojaba en cada uno de los que vivíamos allí.

> **J**uré que nadie abusaría así de mí. No sé por qué, pero en lugar de jurar proteger a mi madre, juré que nadie abusaría nunca de mí, que me revelaría contra toda injusticia en mi existencia.

Juré que nadie abusaría así de mí. No sé por qué, pero en lugar de jurar proteger a mi madre, juré que nadie abusaría nunca de mí, que me revelaría contra toda injusticia en mi existencia y que me defendería de cualquiera que quisiera atropellarme. Sin saberlo, aborrecía el papel de mi madre por ser la víctima. No deseaba ser como ella, golpeada y humillada por un ser poderoso e inflexible. De esta manera y sin pensarlo, sin darme cuenta, invité a ese demonio a entrar en mí. Le permití que me diera la fuerza para defenderme, para ser como mi padre y no como ella, la víctima. ¡Qué locura! ¿Verdad? No obstante, estas son cosas de la mente humana. Muchos se deciden por el sentimiento de autoprotección que los lleva al mismo punto que a mí, al de la violencia, violencia de diversos tipos, pero violencia al fin.

La historia se repite

Muchos años después, ya casado y con hijos, mi hijo varón apenas caminaba. Para mí era todo lo que un padre puede desear de un bebé. Ya era un adulto hecho y derecho, y me encantaba jugar con él y correr por nuestra casa de tres pisos. Mi temperamento nunca fue el de una persona controlada y normal. A cada rato se me escapaban ataques de ira, rabia y gritos. Si alguien me molestaba, le atacaba de la forma que se me ocurriera en ese mismo instante. Nunca «dejé» que nadie abusara de mí. En las pocas escuelas que estuve duré tan poco tiempo que no recuerdo mucho de ellas. En cambio, si alguno se metía conmigo, lo golpeaba. Una fuerza sobrenatural me invadía y poseía todo de mí. Me encantaba... lo disfrutaba de veras. Nunca perdí una pelea en la calle, y tuve muchas.

Un día normal de juegos en mi casa, mi hijo pequeño hizo algo que me alteró mucho. No fue nada en especial, pero en mi mundo cualquier cosa me alteraba y lograba volverme loco. Así que le di un empujón y el niño se golpeó en la nariz con un escalón. De pronto vi sangre en su carita y fue como si recuperara mi conciencia... mi inútil conciencia con la que empecé a gritar como loco hasta que mi esposa salió de la habitación y me vio con el niño en mis brazos.

Literalmente lo arropó con su cuerpo y me lo quitó. De inmediato, se dio cuenta de lo ocurrido y se marchó diciendo algunas cosas que golpearon mi conciencia. No puedo describir el dolor que sentí. Allí estaba yo en una escalera distinta, pero al igual que mi padre, golpeando e hiriendo lo que debía proteger. Solo preso de una desesperación hasta ahora desconocida, aunque quizá fuera la misma que sentiría mi padre cuando arrojó a mi madre por la escalera del segundo piso.

> **¿D**ónde estaba Dios cuando hice eso? Ahí... ahí mismo, dándome la oportunidad de ver en mi conciencia lo que hacía, y dejándome decidir cuál sería mi futuro y el de mi propia familia.

¿Dónde estaba Dios cuando hice eso? Ahí... ahí mismo, dándome la oportunidad de ver en mi conciencia lo que hacía, y dejándome decidir cuál sería mi futuro y el de mi propia familia. Su amor me permite escribir estas líneas, y si usted me acompaña, descubrirá cómo llegó el amor de Dios a cambiarlo todo de manera extraordinaria. En algunas ocasiones, he contado este evento, no de manera detallada como lo hago en estas páginas. Incluso, se lo he contado delante de mi hijo que no recuerda nada, absolutamente nada, pero yo sí, y muy bien. Jamás lo voy a olvidar, no puedo, no debo, es mi seguro para no volver a aquellas escaleras.

¿El amor del Padre?

Poco tiempo después de convertirme a Cristo, los predicadores hablaban de un amor inexplicable, de un amor que el ser humano difícilmente puede comprender. En ese entonces, cuando me contaron del amor de Dios, no lo pude aceptar del todo. En realidad, nunca pude entenderlo. Se me hablaba de tener una relación con Dios. Se me dijo que Dios me amaba y que en el cielo existe un Ser supremo que ama a sus hijos. Que ese Ser los protege y los cuida. Es más, que está pendiente de cualquiera de sus oraciones por pequeñas que sean estas. También se me dijo que hay un Libro inspirado por su Espíritu y que debía leerlo para escuchar su mensaje de amor.

Aunque todo eso no lo comprendí en un principio, me pareció bueno y decidí probarlo. Veía a la gente de este nuevo camino contenta, alegre y todos contaban cómo su vida cambió al encontrar este amor tan grande y maravilloso. Para mí fue como empezar a vivir lo que deseaban otros. Me forcé a creer en esa verdad tan bella y sublime, pero siempre que llegaba a mi cuarto a orar, no percibía nada. Muchas veces me sentí ridículo, como si mis palabras rebotaran contra el techo. Al final, me aburría de estar hablando solo y me quedaba dormido o prendía la televisión.

> Toda esta especie de farsa, o teatro, con el tiempo me fue convirtiendo en un cínico, en un incrédulo que se arropaba con las mantas de la fe y de la iglesia.

Toda esta especie de farsa, o teatro, con el tiempo me fue convirtiendo en un cínico, en un incrédulo que se arropaba con las mantas de la fe y de la iglesia. A fin de cuentas, era un ateo en medio de un grupo de creyentes que no se atrevía a confesar sus dudas por miedo a que le rechazaran en el grueso de la nueva comunidad y en la que por primera vez en la vida podía permanecer y pertenecer.

Me escapaba de la mirada y del escrutinio de todos, eso creía yo, pero una mujer me observaba con detenimiento. Al fin, un día me dijo, entre otras muchas cosas más, que yo no podría escapar del inmenso amor que me tenía Dios. Que buscara en lo más íntimo de mi ser por qué razón no podía recibir el amor de Dios ni aceptar su perdón. Le insinué que desvariaba, que tal vez este mensaje fuera para otro, pero no para mí. Traté de convencerla por mis acciones de que era muy espiritual. Le dije que ya había perdonado, hasta predicaba el evangelio y muchos iban a la iglesia por mi causa.

Con obstinación, la mujer me dijo que a Dios nadie le engañaba y que yo estaba escapando de Él, que no huyera más del amor de mi Padre. Cuando me dijo la frase de «que no huyera más del amor de mi Padre», fue como si hubiera destapado la caja de Pandora. Le dije casi saliéndome de mis casillas: «¿Cuál amor de padre? ¿Quiere que le hable del amor de padre?».

Le grité que cómo podría yo creer en el amor de un padre si lo que había visto toda mi vida era sufrir a mi madre por culpa de mi padre terrenal. Le confesé que los recuerdos más amargos de mi vida se debían a las heridas emocionales de un hombre que descargó toda su furia sobre sus hijos y su enferma e indefensa esposa. Le afirmé que si por algo me encontraba en este estado era por causa de un padre que nunca supo cuidar a sus hijos, que jamás quiso escucharme y que cuando más lo necesité, nuca lo encontré para mí.

> ¿**C**ómo podía alguien insinuarme siquiera que había un padre bueno? Por fin todo lo que creía salía a flote.

¿Cómo podía alguien insinuarme siquiera que había un padre bueno? Por fin todo lo que creía salía a flote. Salía algo que nunca imaginé que estuviera dentro de mí. Lo que sentía era un profundo desprecio y rencor por la figura masculina como jefe del hogar. Mi enojo era casi enfermizo por el papel del hombre en la familia. Crecí pensando que los hombres éramos como parásitos en la relación matrimonial. Pensaba que los machos éramos una especie de zánganos que solo servíamos para reproducirnos y que después debíamos desaparecer. En cuanto a la madre, solo bastaba para levantar a los hijos. Así que menospreciaba hasta más no poder el papel de padre.

Una mensajera del Padre

¿Era esta creencia real? ¿En verdad creía que todos estos pensamientos eran ciertos o eran solo la manera de ocultarme para no extrañar la protección, el cuidado y el amor de mi papá? Dios utilizó a esta mujer para destapar esa fase de mi vida. Me ayudó a entenderme. Fue así que comprendí que el niño asustado todavía estaba dentro de mí clamando por un padre que le amara, pero que a su vez no deseaba que le hirieran y defraudaran de nuevo.

La mujer me dijo que si no estaba dispuesto a enfrentar esa experiencia por más difícil que fuera, nunca podría recibir sanidad y mucho menos ayudar a otros que sufrían tanto o más que yo por las heridas de un pasado tormentoso y frustrante que se negaba a marcharse. Incluso, que jamás lo haría si el verdadero perdón no entraba a ocupar su lugar en el alma agitada y dañada de este triste ser humano.

Entonces le pregunté qué debía hacer. Lo que me explicó fue que, sobre todo, debía entender que mi Padre celestial era perfecto e incondicional y que no era como mi padre terrenal. Así que yo debía aceptar lo herido que estaba y recibir el amor de mi Padre en los cielos. Me dijo que el perdón era clave, vital, en esta etapa. En cambio, yo insistía en que no había rencor dentro de mí.

> **A**sí que yo debía aceptar lo herido que estaba y recibir el amor de mi Padre en los cielos. Me dijo que el perdón era clave, vital, en esta etapa.

Esta fue otra etapa durísima, porque me creía muy bueno y sufrido. Así que, ¿cómo podía pedir perdón por cualquier pecado si yo era, en mi mente, una especie de sor Teresa de Calcuta y don Quijote de la Mancha? El haber ayudado económicamente a mi hermana y mis tíos por años me tenía confundido. Al final, me rendí y le conté lo que había en mi ser, lo que se había incubado dentro de mí por largos años.

Nunca vi a mi padre como un protector. Al contrario, lo veía como alguien que estaba dedicado a destruirme, como esa persona distante y peligrosa que no me aceptaba como era y para quien todo lo que yo hacía era sinónimo de fracaso. Me di cuenta que ese nuevo ser que se me pedía que aceptara, me trastornaba. De manera inconsciente, asociaba a Dios Padre con mi papá terrenal. Me dolía en lo más profundo esa figura y estaba dispuesto a escapar de Él a como diera lugar. Podía aceptar la religión, la Biblia, los grupos, la comunión con la gente de este camino, pero a Dios Padre no podía ni acercármele sin que me doliera. Por eso mi corazón estaba cerrado, por ese motivo siempre me dormía al orar y no podía siquiera levantar mis manos para rendirme a Él. A decir verdad, se me había quedado la costumbre de escapar de mi padre.

Lo que descubrí es que me pasé la vida huyendo de mi papá, escapando de casa en casa y escondiéndome de él, de su mal genio, de su furia y de sus amenazas, pero lo cierto era que él vivía en mí.

> **E**lla me rodeó con sus brazos, me dijo que cerrara mis ojos y empezó a hablarme con suavidad.

Ella me rodeó con sus brazos, me dijo que cerrara mis ojos y empezó a hablarme con suavidad. Comenzó diciéndome que aceptara este abrazo de parte de mi Dios, que ella prestaba su ser para que yo recibiera los abrazos que nunca tuve. Además, que recibiera en ese instante toda la ternura y el cariño que nunca recibí sobre esta tierra de mi papá.

Créame que yo era un tipo duro, pero ahí ya no pude más. No logré contener las lágrimas. Era como una voz ronca saliendo de lo profundo de mi alma y llorando todo ese dolor contenido. De alguna manera estaba haciendo todo el luto por la pérdida de un padre que quise amar y al que nunca llegué a conocer en realidad. Cuando esa mujer me soltó, no sabía cuánto tiempo había pasado. Su ropa estaba llena con mis lágrimas. No sabía yo cuán pesadas eran, ya que en ese instante me parecía que flotaba. De manera milagrosa mi dolor se purgó de cierta manera y sentía que quizá ahora sí podía aceptar la cercanía de un Dios al que se me proponía que llamara Padre.

Una nueva historia de amor

¿Padre? ¡Qué palabra tan bella, tan profunda y tan respetable! ¿Qué era esto? ¿Qué pasaba conmigo? Bueno, solo empezaba otra historia de amor, del amor más sublime que puede existir como el de un buen Padre por su hijo. Ahora podía caminar con Él sin miedo, sin prisa, sin huir. Podía quedarme a escucharle y decirle todo sin temor a que mis palabras rebotaran contra el techo. Podía decirle cuánto le amaba y lo agradecido que estaba de poder creer en Él y sentirle vivo en mi existencia. Por cierto, la mujer que hizo todo esto por mí es mi preciosa esposa, un instrumento poderoso de sanidad en mi vida.

A la pregunta que hice antes, puedo decir: Allí estaba el amor del Padre glorificándose en mi vida. Es decir, convirtiendo algo malo en algo bueno. ¿Por qué «bueno»? Porque gracias a todo lo que viví, hoy puedo contarle mi testimonio y darle esperanza. Si Dios pudo cambiarme a mí, puede hacerlo con usted. Es en estos momentos donde vale la pena traer a colación el pasado. El diablo trató de destruirme a mí y a los que amo, pero Cristo vino a cambiarlo todo y a darnos vida plena.

> **E**l diablo trató de destruirme a mí y a los que amo, pero Cristo vino a cambiarlo todo y a darnos vida plena.

Si mucho le ha fallado, Dios es el Padre perfecto y jamás lo hará. Si mucho ha pecado, mucho se le perdonará. Como resultado, mucho lo amará y su vida será una constante alabanza de gratitud que le llevará a servirle a Él, ayudando a otros de manera que su vida tenga un gran propósito. ¡Qué gloriosa esperanza!

13

EL OTRO ABUELO

El niño apenas podía respirar porque lo sometían a algo que hoy se consideraría una tortura física. Contaba con seis años de edad, vivía en su ciudad natal, un lugar donde la temperatura es gélida todo el año, donde las plantas tienen el verde más oscuro de la tierra porque el clima las «obliga».

Su papá lo sometía en ese instante a un castigo por haber perdido unas monedas para las cosas del desayuno que le envió a buscar en la mañana. Está a punto de amanecer, apenas son las seis de la mañana, y lo meten desnudo en el tanque de piedra lleno de agua donde se lava la ropa. Lo saca y lo vuelve a hundir hasta que casi se desmaya. La acción se repite hasta que toda su furia se descarga, pues el padre considera que de esta manera está formando a un hombre de bien y responsable.

Después de esto lo tira contra el piso y le deja en el patio desnudo para que aprenda la lección a sus cortos seis años. Los gritos de la madre no le hacen sentir mejor. Ella lo culpa por desobedecer y por ser un mal hijo al provocar la ira de su padre. Lo toma aún sin vestir y le castiga con la mano dejando sus mejillas y espaldas enrojecidas.

El pasado y sus secuelas

Gritos, insultos, maltratos y vejaciones son cosas del día a día para este muchachito que crece de esta manera, guardando la rabia, maldiciendo en silencio, ya que el miedo no le permite defenderse. Lo que ve delante es demasiado grande para su corta edad. Se promete que un día escapará, que dejará todo aquello y se irá. Se jura a sí mismo que llegará a ser mejor que su propio padre, pero no pudo, jamás llegó a ser distinto que su progenitor.

> **¿Qué sucedió? ¿Por qué si deseaba ser tan distinto y tenía el valor para hacerlo no lo logró? Hay algo que sucede de manera trágica en la vida de los seres humanos.**

¿Qué sucedió? ¿Por qué si deseaba ser tan distinto y tenía el valor para hacerlo no lo logró? Hay algo que sucede de manera trágica en la vida de los seres humanos. Mientras que unos tratan con desesperación de alejarse de la imagen, la forma, las maneras de sus padres, optan por ser diametralmente opuestos y viven una vida tortuosa tratando de escapar del molde que los formó. En el segundo caso, los otros se convierten de manera asombrosa en sus propios padres y terminan siendo idénticos o peores al molde original.

Los primeros, los que no desean parecerse a sus padres, se empeñan en ser distintos. Sin embargo, entre más se esfuerzan, más latente se vuelve su recuerdo, más tormento en su propia vida, más rechazo y más dolor internos. Lo que existe en sus almas es dolor por el pasado, deseos de marcharse en el tiempo como para intentar ser distintos, sin poder inventar lo que jamás existirá.

Los segundos se rinden y aceptan que la manera pasada es la adecuada, sin importar que les destrozaran la existencia, pues no hay forma de escapar del pasado sin vencerlo antes. El pasado no se entierra, se soluciona. El pasado es como la materia misma, no desaparece, se transforma. El pasado solo se olvida por enfermedad física y aun así prevalece en la amnesia. De manera misteriosa, el pasado se regenera en el presente e interviene en el futuro de los seres humanos. Nadie puede obviarlo por más que lo intente. Ningún humano puede vencerle. El pasado es algo tan poderoso que la gente que no lo conoce lo repite.

Cómo se rompe con el pasado

Sin memoria del pasado, la humanidad estaría perdida. Entonces, ¿qué hacer para ser distintos? ¿Cómo mejorar la especie humana y no estar condenados a vivir la vida y los errores de los padres y abuelos? ¿Cómo no perpetuar el desastre que han hecho los demás y no heredarlo a las generaciones futuras? ¿Cómo ser distinto a mi padre sin odiarlo y sin destruir su recuerdo? ¿Cómo no condenarme a ser igual que él? La respuesta es sencilla: sin la intervención de un milagro, de algo fuera de esta trágica escena, es imposible por completo.

Ese elemento transformador no es de esta tierra, viene de lo alto. Se llama perdón por medio del entendimiento, de la misericordia, de la aceptación y de la bondad. El ser humano puede convertir su pasado en lo más valioso de su propia vida. Algo tan poderoso que se convierte en una fuerza transformadora más poderosa que el mayor huracán que haya pasado por la tierra o el terremoto más intenso que haya sacudido nuestro planeta. Hace dos mil años un judío dejó la fórmula y está al alcance de quienes la quieran... de quienes la necesiten y deseen.

Los encuentros con mi padre

Ese niño víctima de abuso físico y emocional fue mi padre. Su papá lo estaba «formando» según sabía, según lo aprendido a su vez de su padre. Cuando hacemos un análisis, podemos ver que esta manera de «formar» hijos ha pasado de generación en generación sin que nadie se atreva a contradecirla, ni a ponerle un freno y decir: «¡Basta ya! Acabemos con lo malo, con la violencia, con la ira y la degradación en la educación humana».

Ahora estoy seguro de que no hay manera de escapar en forma genuina sin la intervención divina. Mi padre aprendió a educar y formar hijos de una manera errada. Así que nunca contempló la opción de ser distinto a su propio padre, o quizá sí, pero al final terminó por repetir la forma tradicional conmigo, su propio hijo.

> **M**i padre aprendió a educar y formar hijos de una manera errada. Así que nunca contempló la opción de ser distinto a su propio padre.

Aun con todo el temor que mi padre le infundía, mi madre tuvo que demandarlo ante la justicia civil. De esa manera obtenía algo de dinero para criar a sus hijos, pues al no poder trabajar debido a lo inestable de su salud, sus opciones eras mínimas. La demanda enfureció mucho más a mi padre. Sin embargo, después de varias amenazas decidió obedecer la ley, pero a su manera. Cada mes insultaba a mi madre cuando le daba su cheque y maldecía cada centavo que nos daba. Con el tiempo, la rabia se volvió frustración, y al final, resignación. De ese modo mi madre obtenía algo para poder sacarnos adelante.

Recuerdo un día que mi padre no consignó su mensualidad en la cuenta del banco de mi madre. Ella, por su enfermedad, no pudo ir a recogerla. Así que, por primera vez desde el divorcio, tuve que encontrarme con mi padre. Admito que me encontraba aterrorizado, pues quizá tendría unos nueve años de edad. Recuerdo que entré en esa casa silenciosa y oscura (mi padre sufría de migrañas terribles, por eso las ventanas siempre estaban cerradas y la luz jamás entraba donde él vivía).

Mis ojos apenas se adaptaban a la oscuridad casi total cuando escuché su voz que venía desde su habitación. Profirió dos maldiciones y me indicó que había un sobre con dinero arriba de una mesa, que lo tomara y me fuera cerrando la puerta tras de mí.

Ese día no lo pude ver, tan solo escuché sus indicaciones. De inmediato, tomé los billetes y me marché como si me persiguiera un fantasma. Salí de ese lugar con el corazón latiendo al máximo, pero el vacío que dejó esa experiencia en mí fue tremendo. ¿Cómo se veía el rostro de mi padre? ¿Por qué estaba tan molesto conmigo? Esas preguntas quedaron sin respuestas por un tiempo hasta que de nuevo un día mi madre me explicó que tendría que ir hasta el trabajo de mi padre a recoger el dinero que nos daba cada mes.

Esta vez llegué a un edificio gigante donde seguí las instrucciones que me dieron para encontrar una oficina en específico, cómo y por quién preguntar. Todo lo hice al pie de la letra. Poco tiempo después se me indicó que esperara en un pasillo donde me quedé por unos minutos. Después salió mi padre y por fin lo vi. Se veía fuerte y alto, pero también su rostro contenía a duras penas la furia que le daba verme allí para recordarle que estaba obligado por la ley a darnos ese dinero que él consideraba que debería ser para sí mismo.

> **D**e nuevo me extendió un sobre y empezó a maldecir a mi madre, a mí, a todos. Me llevó hasta una escalera de emergencia y allí comenzó a gritar, a enfurecerse cada vez más.

De nuevo me extendió un sobre y empezó a maldecir a mi madre, a mí, a todos. Me llevó hasta una escalera de emergencia y allí comenzó a gritar, a enfurecerse cada vez más. Apenas nos quedamos sin testigos, su rostro cambió de inmediato y de su boca salieron palabras soeces y despectivas contra mi mamá. Yo solo escuchaba y me parecía increíble la velocidad con que se empalmaban una palabra con la otra. Llegué a pensar que me golpearía. Así que tomé el sobre y empecé a correr escaleras abajo sin mirar atrás. Era como si un monstruo me persiguiera, como si mi padre transformado en esa fiera suelta pudiera alcanzarme. No recuerdo cómo llegué a mi casa, solo que nunca olvidaré ese día.

Otra vez el temor se acumulaba en mi ser y mi alma. No deseaba llegar a ser jamás como mi padre. No deseaba nunca más tener que verlo ni encontrarme con él. En cambio, no sería así. Muchos más encuentros se repetirían a lo largo de mi adolescencia. Mi padre no logró ser distinto a su padre, como a su vez su padre no pudo ser distinto al suyo. Esta maldición, este «espíritu», este demonio, pasa de generación en generación y se perpetúa de manera asombrosa en las familias. Sobrevive al tiempo, supera las barreras geográficas, contamina apellidos enteros y solo Dios sabe desde cuándo se pasea por la tierra sin que nadie le haga frente y se atreva a erradicarlo de su vida.

La llave que abre puertas

¿Dónde estaba Dios mientras yo soportaba la violencia de mi padre? A decir verdad, era su plan para mí, en la vida, en el poder seguir respirando para que quizá llegara a convertirme en algo distinto. Recuerde que solo un milagro transforma nuestro pasado y que este milagro depende del cielo. Aun los recuerdos más dolorosos pueden convertirse en el combustible necesario para poder cambiar de forma positiva a las generaciones venideras y de esta manera podamos ser mejores a pesar del tiempo andado.

Hoy contemplo con misericordia a ese niño ultrajado en esas mañanas frías, a ese niño que un día se convertiría en mi padre. Hoy lo comprendo en medio de su dolor, de su angustia infantil, de ese deseo de huir y no saber a dónde. Conocí a ese niño a través de las pocas historias que me contó mi madre sobre él y de dónde adquirió esa violencia.

Un día, mi abuelo paterno se encontró con una hermana de mi mamá en la calle. La odiaba porque pensaba que ayudó a mi madre a huir de su hijo. Así que le gritó, la insultó y la golpeó a plena luz del día ante testigos. Aunque ya era un anciano, su ira estaba allí, incólume, orgullosa, impasible. Nunca cambió, solo su piel se desgastó, pero por dentro estaba intacto. Yo tomé la decisión de no ser como mi abuelo. Decidí romper esa herencia, esa cadena. Aunque cada día parecían más lejanos estos recuerdos, permanecían ahí como una sombra sutil, pero perturbando con eficacia mi presente.

> **El perdón es la llave que abre la puerta de toda cárcel. El rencor mantenía vivo el trauma en mi vida.**

Ese día que por la misericordia de Dios pude ver los porqués del carácter de mi padre, supe que necesitaba perdonarlo. No obstante, necesitaba la ayuda del cielo, pues quería un perdón genuino. Así que le pedí a Dios ayuda y oré. Cuando lo hice, experimenté uno de los momentos más hermosos de mi vida. El perdón es la llave que abre la puerta de toda cárcel. El rencor mantenía vivo el trauma en mi vida. ¡Qué liberación tan grande! ¡Qué precioso regalo esta revelación de Dios!

Si usted quiere experimentar esta libertad, perdone en oración ahora a todas las personas que le han lastimado, en especial a las que le marcaron en su infancia. Esas personas no necesitan su perdón, tal vez ni lleguen a enterarse. A lo mejor ya no estén vivas. Sin embargo, quien lo necesita es usted. Haga una simple oración pidiéndole a Dios que le dé la fortaleza para tomar esta decisión y hágalo. Experimente la libertad verdadera y el encuentro con el legítimo amor de un Padre que no falla, que le ama como es, que nunca le dejará y siempre le dará todo lo que usted y los suyos necesitan.

14

«MARIO, ¿POR QUÉ ERES ASÍ?»

Desde niño, mi enojo siempre me llevó a gritar, a romper, maldecir, atropellar a alguien, a lastimar mediante palabras, sobre todo a la gente que vivía en mi casa, a mi familia. Resulta irónico, pero siempre dañamos primero a los que más amamos y son ellos también a quienes más herimos. Cuando por desdicha tienes este tipo de comportamiento, lo primero que sucede es que algo, lo que sea, provoca tu ira y no importa si son incidentes mayores o detalles insignificantes.

Cuando por desdicha tienes este tipo de comportamiento, lo primero que sucede es que algo, lo que sea, provoca tu ira y no importa si son incidentes mayores o detalles insignificantes.

Cualquier suceso es suficiente para explotar: Ya sea una frustración interna, una imposibilidad de comunicarse, un chisme, una calumnia, un malentendido, un momento de tensión, una diferencia de opinión, un deseo insatisfecho, algo que se salga de su control. En fin, muchas cosas pueden provocar la ira de un ser humano y llevarlo al irremediable estallido emocional donde se liberarán el enojo o la ira. Estoy seguro que muchas personas se encontrarán identificadas con estos síntomas que culminan en una detonación sin control.

¿Para qué cambiar?

Según las descripciones de mi esposa, Nelly, sobre la transformación que sufría mi persona cuando me invadía la ira, mi rostro cambiaba por completo. Mi tono de piel, mis ojos y mi voz se transformaban mientras se gestaba la explosión de ira, la ofensa, el deseo de romper o tirar cosas, las maldiciones y el dañar por completo un momento que quizá fuera especial.

Más tarde llega un período de maldecir hacia adentro. Es como un volcán que se apaga para dar paso a un ciclo de justificación por la explosión. De ahí que se sienta la necesidad de exponer argumentos que justifiquen por qué se actúa de esa manera, para luego llegar a una transición brusca donde uno se siente mal. Entonces, busca a un culpable ajeno a uno mismo, desde luego, para culparlo por tanta ira. Después viene la negación, el decir que uno no gritó tan duro, que las cosas no pasaron de esa manera y uno se inventa otro tipo de escenario a fin de poder librarse de la responsabilidad.

> **D**espués viene la negación, el decir que uno no gritó tan duro, que las cosas no pasaron de esa manera y uno se inventa otro tipo de escenario.

En muchos casos la persona no recuerda en realidad lo que dijo ni lo que hizo. Así que perder el control de esa manera me llevó muchas veces a caer en todo este tipo de situaciones que, por supuesto, yo negaba. Me gustaría hacer énfasis en la amnesia, en el no recordar muy bien lo que se hace o se dice, lo cual de alguna manera es cierto.

Recuerdo en especial un día de 1996 cuando ya llevábamos algunos años de casados y mis hijos eran pequeños todavía. Yo acababa de hacer uno de mis «shows». A la verdad, no encuentro otra manera de decirlo debido a mi profesión de actor, y en este caso estoy siendo irónico. En ese momento grité, arrojé alguna cosa contra la pared, tiré alguna que otra puerta con fuerza y lancé alguna maldición. En definitiva, me transformé en ese monstruo que salía casi a diario en mi casa y por cualquier motivo.

En esa ocasión, mientras subía por unas escaleras, mi esposa me dijo desde el segundo piso: «¿Mario, por qué eres así? ¿Por qué no cambias?». Esto me lo dijo en un tono manso, suplicante, como rogándome que la escuchara. Como por un milagro de Dios, la escuché. Ese día la oí, pero sobre todo escuché mi propia respuesta, le dije: «¿Para qué quieres que cambie? ¿Para que todos me atropellen?». En realidad, ¿qué le quise decir? Tiempo después lo comprendí muy bien.

La ayuda que viene de lo alto

Antes, describí un evento donde mi padre golpeó a mi madre cuando yo era niño. Dentro de mi ingenuidad infantil, me escondí debajo de una mesa muy pequeña pensando que allí podría ocultarme de la ira de mi padre, del monstruo que vivía en él. Sin embargo, la verdad fue que al tratar de ocultarme tomaba una decisión. Entendía que había dos clases de personas: los víctimarios y las victimas. En otras palabras, unos que atropellan y otros que se dejan atropellar.

El papel que desempeñaba mi madre en esta escena, no me gustaba. Así que de manera inconsciente tomé la decisión de ser como mi padre. No sé si algunos decidieron de manera diferente, pero en mi propia experiencia, no me volví un ser protector. Lo paradójico es que me volví una fotocopia de mi padre. Su mal ejemplo no logró que yo tomara la decisión de ser todo lo contrario, pues decidí que nadie me atropellara y fue ahí donde se iniciaron todos mis males.

Si analiza la Biblia en Efesios 4:26-27 (NVI®), el apóstol Pablo nos da la clave de lo que sucedió ese día en mi vida:

> «*Si se enojan, no pequen.*» *No dejen que el sol se ponga estando aún enojados, ni den cabida al diablo.*

Es decir, si se enojan, no permitan que eso les haga pecar. Además, *el enojo no les debe durar todo el día, porque si el enojo dura, el diablo podrá sacar ventaja de la situación.* La siguiente pregunta es la siguiente: ¿Qué sucede cuando el enojo dura toda la vida, se camufla, se oculta en lo más profundo del alma y dura toda su existencia?

Para ese tiempo llevaba más de veinte años viviendo de esa manera. De modo que había una serie de factores que se iban mezclando para construir la cárcel perfecta, la prisión que albergaba solo a un presidario que era yo mismo. Mi cárcel estaba compuesta por muchos barrotes como el mal ejemplo del padre, ese al que terminé imitando como fruto de mis decisiones basadas en el miedo a ser la víctima.

> **M**e propuse obtener de alguna manera «buenos» resultados con este tipo de comportamiento al sentir la fuerza extra para la vida diaria.

Me propuse obtener de alguna manera «buenos» resultados con este tipo de comportamiento al sentir la fuerza extra para la vida diaria que se adquiere con esta actitud y acomodarme a ser de esa manera. Es más, debido a la falta de ayuda externa, le temía al cambio, a la desprotección, a no saber «ser» de otra forma, al desconocimiento por no entender que estaba equivocado. Lo cierto es que todos estos factores, y muchos más, terminan por hacer muy difícil y hasta casi imposible el cambio para cualquier ser humano.

Era allí donde yo necesitaba la ayuda divina, la parte espiritual que no se comprende muy bien en este mundo. Era allí donde yo debía renunciar a mi ego, a mi temor, y permitir que Dios entrara en mi existencia. En momentos así es que debemos clamar por la ayuda del cielo. Debo ser muy enfático en que mi amada esposa nunca dejó de orar por mí, por mi conversión total a Cristo. Nunca me enfrentó con soberbia y jamás utilizó las armas de este mundo para encarar lo que residía en mí. Jamás me vio como a su enemigo, pues sabía que algo más actuaba dentro de mí. La esposa que Dios me dio no paraba de confesar palabras de bendición sobre mi existencia y en secreto intercedía ante Él por mi cambio y liberación.

> La Biblia enseña que se debe buscar un lugar a solas para hablar con Dios, que debemos confesar nuestras angustias al cielo.

La Biblia enseña que se debe buscar un lugar a solas para hablar con Dios, que debemos confesar nuestras angustias al cielo. ¿Por qué? Porque hay entes que los seres humanos no podemos derrotar por nuestras propias fuerzas. Entonces, cuando se siente que no se puede más, hay que recurrir a otro tipo de llenura. Hay que reabastecerse de otro tipo de energía. Hay que recobrar el aliento para poder vencer en un último y poderoso esfuerzo.

Si siente que sus fuerzas o las de alguien que ama están llegando al límite, quizá sea el momento de buscar ese lugar tranquilo, esa habitación, ese parque solitario, ese lago pacífico o solo cerrar sus ojos con fuerza y pedir ayuda de lo alto, a fin de que Dios le muestre la salida. Ese es el primer paso para conseguir la llave que libera a los cautivos, y en mi caso, eso era algo que estaba a punto de suceder en mi vida, algo que la cambiaría para siempre.

EL RECUENTO DE LOS DAÑOS

No puedo recordar cuántos momentos preciosos dañé en mi demencia, cuántos cumpleaños míos y de mi amada familia, cuántas experiencias traumáticas dejé en quienes más amo después de Dios, ni cómo afecté a los que me rodeaban de manera negativa. Las palabras apenas reflejan los años desperdiciados en molestias y reclamos, en peleas y gritos, en malentendidos.

Recuerdo un día en que Nelly me sorprendió en mi cumpleaños. Me tenía una oficina con muebles nuevos, computadora nueva y una fiesta-serenata con mariachis incluidos, así como muchos invitados y comida. Recuerdo que cuando todos los invitados se marcharon, estaba muy disgustado. No sabía cuánto había costado todo eso. Me parecía un desperdicio de dinero. Así que le reclamé hasta que la hice llorar.

Cada paseo, cada evento memorable, estaba marcado por una discusión y siempre el pretexto era, por supuesto, una tontería.

No fue la única ocasión, también lo hice en algunos de los cumpleaños de mis hijos y de ella misma. Solo durante salidas a comer hice infinidad de escenas en algún costoso restaurante o donde fuera, obligando a Nelly a marcharse de repente. Cada paseo, cada evento memorable, estaba marcado por una discusión y siempre el pretexto era, por supuesto, una tontería.

Lo que hay detrás de todo

Vivir al lado de una persona atormentada es una pena muy dura y hoy lo veo. ¿Cómo no ver lo espiritual que alberga toda esta situación? Si deseo ser de una manera pero no puedo, sé que está mal la forma en que me conduzco, pero no puedo evitarlo y tampoco lucho, estoy indefenso ante algo más fuerte que habita en mí. Como pastor, sé que el pecado está en la carne, en el ser humano, pero me estoy refiriendo a algo mucho mayor, a algo más fuerte, y solo encuentro la explicación en la misma Palabra de Dios.

La Biblia dice que tenemos una lucha muy fuerte contra cosas que están en el ambiente y que no vemos. Que no peleamos contra las personas mismas. En Efesios 6:12, la Biblia nos dice que la lucha que tenemos es contra espíritus que quieren imponer su autoridad en el mundo actual:

> *Porque no tenemos lucha contra sangre y carne, sino contra principados, contra potestades, contra los gobernadores de las tinieblas de este siglo, contra huestes espirituales de maldad en las regiones celestes.*

Entonces, deberíamos ver más allá: *¿Qué hay detrás de las personas?* O quizá sería esto: *¿Qué hay en su interior?* Las Escrituras también nos enseñan sobre espíritus inmundos, entidades espirituales, que atormentan a los seres humanos:

> *El Espíritu de Jehová se apartó de Saúl, y le atormentaba un espíritu malo de parte de Jehová.*
>
> 1 SAMUEL 16:14

> *Cuando llegó a la otra orilla, a la tierra de los gadarenos, vinieron a su encuentro dos endemoniados que salían de los sepulcros, feroces en gran manera, tanto que nadie podía pasar por aquel camino.*
>
> MATEO 8:28

Una triste existencia

En la actualidad, no puedo describir de otra manera mi propia situación. Así me encontraba: atormentado, sin paz, sin gozo. Entendía lo que Jesús de Nazaret hizo en la cruz por mí, decía con mi propia boca en cada reunión cristiana que Jesús era el Señor, asistía cada domingo a los servicios o cultos cristianos, cantaba alguna que otra canción y me aburría tremendamente. Trataba de orar, pero mi mente siempre me decía que hacía el ridículo. Cuando oraban los cristianos y nos tomábamos de las manos, muchas veces veía cómo todos bajaban sus cabezas y cerraban su ojos con fervor y pasión, haciendo oraciones para mí interminables. Mientras tanto, yo estaba como un simple espectador. Les observaba sin involucrarme y librando esta lucha terrible que sucedía todo el tiempo en lo más profundo de mi ser. Vivía de esta forma en silencio y con temor a ser tildado de malvado por el resto de los creyentes, los cuales se veían tan llenos del Espíritu, tan santos, tan en control.

Dirigirnos al templo era el momento preferido para discutir, para conducir de manera violenta asustando a mi familia. Si mi esposa se tardaba en salir, formaba un pleito. Si me «hacía» ir a algún lugar que no deseaba, me enloquecía. Si me hacía visitar a su familia, esto tenía un costo en la noche, se lo «cobraba» amargándola por completo. Si ella olvidaba algo en la casa y ya estábamos todos dentro del automóvil, la regañaba durante el trayecto y mantenía mi disgusto por el resto del día. Comprar ropa, viajar, pasear, comer, visitar, conocer... todas las cosas que para el ser humano son positivas, en mi caso eran la oportunidad de amargarme y amargar a los demás.

16

¿DE DÓNDE **PROVIENE** MI AYUDA?

No puedo negar que entre tantas amarguras de mi parte, también hubo momentos hermosísimos en familia. Siempre he amado a mi esposa y a mis tres hijos. Daría mi vida por ellos hoy y la hubiera dado en ese entonces también. Así que el asunto nunca fue la carencia de amor, sino de la imposibilidad de dar ese amor de la manera adecuada, sana y creativa, de la dificultad para ser feliz. Esa era mi precaria situación.

El levantarme de la caída anterior, el vivir derrotado por ese «otro yo», el sentir vergüenza cada día del arrebato de ayer, la angustia de pedir perdón y no saber de veras si lo volverás a cometer, eso te mantiene atormentado. Sin embargo, busqué la liberación en una iglesia. Conté mis pecados desde la infancia, hice confesión hasta de lo que no había hecho. Incluso, ayunaba, oraba, asistía a los servicios cristianos con regularidad, leía libros. Es más, ayudaba a expulsar demonios, cantaba canciones, alzaba mis manos al cielo, me arrodillaba, pedí consejería pastoral. También ponía la radio y la televisión cristianas, asistía a cultos de sanidad, me imponían las manos, declaraban profecías sobre mí, me bauticé y nunca fui libre. Seguí viviendo con ese tormento como creyente ante los demás y como un loco histérico en mi propia casa.

Otra parte del proceso

En 1996, decidimos asistir en la ciudad de Miami, Estados Unidos, a la conferencia de un predicador muy reconocido en ese tiempo, el cual oraba por los enfermos y por los oprimidos por demonios. Fui buscando más de Dios en mi vida, pero era algo terrible, no podía sentir nada, no podía recibir ayuda de nadie. Mi preciosa esposa me acompañaba fielmente a todo y se convirtió en una experta en estos temas y en una guerrera de oración.

> **M**i preciosa esposa me acompañaba fielmente a todo y se convirtió en una experta en estos temas y en una guerrera de oración.

Es necesario aclarar que en ningún momento pretendo dar la impresión de que mi esposa era una especie de masoquista a la que le gustaba compartir la vida con un torturador profesional. No, ella es una mujer de carácter muy firme. Quizá por eso tuviera la fuerza interior para soportarme y ayudarme, pues siempre se enfrentó con lo que había en mí.

Muchas veces se acercó cuando quise propasarme con mis hijos, y sin importar la diferencia de estatura y peso, colocaba su cara frente a la mía y mirándome con fijeza a los ojos me exhortaba, o más bien confrontaba, a lo que ella decía que estaba detrás de mí. Le hablaba a un demonio que según ella habitaba dentro de mí o que tomaba control de mi vida.

Eran situaciones muy extrañas e incómodas, pero lo increíble es que yo reaccionaba y dejaba el asunto saliendo en seguida de la habitación donde estaba ella. Cuando Nelly le hablaba a la entidad que descubrió, yo me sentía un poco loco y no podía resistirlo. Me burlaba de ella o solo reaccionaba con una risita nerviosa y fingía olvidar el asunto. Si nada podía ayudarme,

¿qué lo haría? La Biblia dice en el Salmo 121 que nuestra ayuda viene del cielo, del Padre celestial:

> *A las montañas levanto mis ojos; ¿de dónde ha de venir mi ayuda? Mi ayuda proviene del Señor, creador del cielo y de la tierra.*
>
> SALMO 121:1-2, NVI®

Y de alguna manera así fue... Lo que voy a contar a continuación procede de un hombre materialista, humanista, escéptico, práctico y hasta incrédulo en ocasiones. Es algo que me sucedió y doy testimonio de ello.

17

EL **HOMBRE** EN LA PUERTA DE MI **CUARTO**

Un día, mi esposa llegó corriendo emocionada a decirme lo que había descubierto en la Palabra de Dios, y que aunque había leído esto muchas veces, ahora era una especie de revelación para ella. En realidad, estaba convencida y no iba a parar hasta que yo le prestara atención.

Nelly me dijo: «Tú no eres como el endemoniado gadareno descrito en la Biblia [Mateo 8:28-34], tú tienes conciencia de ti, tú lo mantienes allí por tu voluntad, tú eres el dueño de tu casa [tu cuerpo]». Ella se refería a mi ser íntegro, mi cuerpo, mi mente, mi alma (Mateo 12:29: «Tú tienes el control y mandas, pero tienes de alguna manera una alianza con ese demonio. Tú mismo debes atarlo y echarlo fuera, y asegurarte de mantenerlo lejos [Mateo 12:43] porque nadie más va a poder hacerlo por ti. Ya hemos hecho todo lo humanamente posible y lo espiritual también».

> «**T**ú tienes el control y mandas, pero tienes de alguna manera una alianza con ese demonio. Tú mismo debes atarlo y echarlo fuera, y asegurarte de mantenerlo lejos».

Debo aclarar que en mi adolescencia, por causa del divorcio de mis padres y por recomendación de la familia de mi madre, me llevaron a un psiquiatra, a un psicólogo, y me practicaron todo tipo de evaluaciones físicas y psicológicas, radiografías, escáner y toda la medicina que había disponible. Todos los cuestionarios los pasé sin problema. Mi coeficiente intelectual es un poco más alto del promedio y nunca se me encontró ningún tipo de bipolaridad, disritmia cerebral ni epilepsia de ningún tipo. No he padecido alucinaciones ni he consumido drogas de ningún tipo. Toda mi vida he realizado ejercicios, y aun hoy practico deportes de alta competencia. Mi cerebro está totalmente sano por la gracia de Dios.

Entonces, ¿qué estaba mal en mí? ¿Por qué no podía ser feliz? ¿Tendría razón mi mujer? ¿Quizá un demonio o espíritu inmundo me atormentaba y yo no lo sabía? ¿Habitaba permanentemente en mí? ¿Me tomaba a ratos? ¿Estaba a mi lado y solo era una influencia?

El reto hacia la libertad

Una tarde, Nelly me exhortó de manera contundente. Fue respetuosa, pero firme. Estábamos aún en Miami. Los tres niños aún pequeños descansaban en camas improvisadas que les armamos al lado de la nuestra. Cuando me dijo que debía considerar sinceramente la posibilidad de lo que me venía hablando. Su teoría sostenía que cuando me enojaba, no era yo mismo, que no se trataba de rabia simple. Literalmente, era otra persona y ella le llamaba el hombre verde (refiriéndose a Hulk, el personaje de la tiras cómicas que siendo una persona normal, cuando se enojaba se convertía en un monstruo).

Me dio risa, me burlé de ella por un rato, pero insistía. Con suavidad me acorralaba. Así que hice algunos chistes sobre la posibilidad de que un demonio estuviera detrás de mi vida. Sin embargo, esta vez no pude escapar, pues había algo en su mirada de súplica que me hizo entender que Dios la estaba usando en mi vida ese día como tantos otros. Por fin, yo estaba listo, de modo que la escuché y le pregunté con sinceridad: «¿Qué quieres que haga? No creo que sea así, mi condición no es tan grave. Yo no me siento endemoniado, ni poseído. Solo reacciono cuando ustedes se portan mal».

> «¿Qué quieres que haga? No creo que sea así, mi condición no es tan grave. Yo no me siento endemoniado, ni poseído. Solo reacciono cuando ustedes se portan mal».

Ella continuó insistiendo en el tema, pues no estaba dispuesta a dejarme salir del rincón. Sus ojitos preciosos brillaban con autoridad y amor. Su voz baja, dulce y romántica me suplicaba que la escuchara aunque fuera una vez. Prácticamente me tenía contra las cuerdas. De nuevo le pregunté: «¿Qué debo hacer según tú?». Con una sonrisa me dijo: «Échalo tú mismo, saca al hombre fuerte de tu casa». Volví a reír y entonces ella agregó que si no estaba convencido, no lo iba a echar de corazón y este volvería cada vez que yo lo necesitara.

De pronto, a ella se le iluminó el rostro, pues recordó una dinámica muy establecida que tenemos cuando queremos que el otro haga algo. Me dijo: «Apostemos que Dios desea esta vez que seas libre y tú debes ver lo que hay en ti. Si le pides de corazón que te muestre esa inmundicia que te atormenta y nos daña a todos, Dios te lo mostrará a ti mismo. ¿Apostamos a que puedes verlo?».

Conocedora de mi espíritu competitivo, me dio la fórmula perfecta para que aceptara, así que solo restaba iniciar el reto. Nelly me dio instrucciones precisas que comenzaban conmigo de rodillas y diciendo la oración que preparó para que yo la repitiera después de ella y que decía lo siguiente:

> *Señor y Padre santo: Te pido que si hay alguna influencia maligna en mi vida, yo la pueda ver y así ser libre de esto*

que me ha atormentado. Te lo pido en el nombre de Jesús de Nazaret. Amén.

Me levanté del piso con una sonrisa un poco burlona y la abracé por su dedicación, por su ternura. La veía como a una chiquilla fantasiosa y me veía a mí como el hermano mayor que la complace diciéndole que Superman sí existe. A decir verdad, no sentí nada, para mí el problema estaba concluido. De esta manera ella me dejaría en paz, así que a continuación cenamos, vimos alguna película en la televisión, oramos y nos dormimos.

Una experiencia terrible y liberadora

Cuando abrí los ojos, era de madrugada, aún estaba muy oscuro. Nelly estaba acostada a mi lado, dormía de manera profunda y plácida. En cambio yo, estaba angustiado y asustado cuando de pronto, la puerta de mi cuarto se abrió con lentitud. En la penumbra emergió una figura que era más alta que la puerta misma. Una figura oscura, siniestra, de la que no alcanzaba a vislumbrar su rostro, pero era un hombre enorme. Estaba muy bien vestido, de negro total, un negro más oscuro que la noche misma. Así que empecé a sentir mucho miedo, quise hablar, pero no podía. Hice un esfuerzo por gritar, pero ni una palabra salió de mi boca, ni siquiera un sonido, algo que pudiese atraer la atención de mi esposa o de mis hijos.

> **P**oco a poco la figura continuó hacia mí e intenté levantarme de la cama, pero estaba paralizado por completo. Luego el miedo se volvió pánico, pues lo miraba avanzar lento, despacio, impávido, ante mi angustia.

Poco a poco la figura continuó hacia mí e intenté levantarme de la cama, pero estaba paralizado por completo. Luego el miedo se volvió pánico, pues lo miraba avanzar lento, despacio, impávido, ante mi angustia. De pronto, se inclinó y literalmente se posó sobre mí. Entonces el pánico se volvió terror y empecé a sentir cosas que nunca antes había experimentado. A continuación, el hombre de negro colocó sus grandes manos sobre mi cuello y empezó a asfixiarme, a ahogarme y yo no podía hacer nada, nada en lo absoluto. Allí estaba ese hombre acabando con mi vida en presencia de mi esposa, de mis tres hijitos y nada podía hacer yo, inmovilizado del todo y mudo.

Así empecé a sentir asfixia, falta de aire. Mis pensamientos se aglutinaban y no podía hacer nada hasta que en ese preciso momento una luz alumbró mi cerebro y supe al instante que se trataba de la apuesta que hice con mi esposa esa misma tarde. Era la oración despreocupada que realicé horas antes la que ahora me tenía en esta situación tan terrible. Me arrepentí de todo, de mi incredulidad, de mi dureza, de mi obstinación. Ahora sabía lo que estaba pasando, lo estaba viendo con mis propios ojos. Sentía sus manos estrechando mi garganta y el peso de su cuerpo sobre el mío. También sentía su furia, su ira, su odio y sus deseos de muerte y destrucción. Le conocí cara a cara esa noche, pero quizá fuera demasiado tarde.

> **S**entía sus manos estrechando mi garganta y el peso de su cuerpo sobre el mío. También sentía su furia, su ira, su odio y sus deseos de muerte y destrucción. Le conocí cara a cara esa noche, pero quizá fuera demasiado tarde.

Recuerdo con claridad que pensé: *Dios mío perdóname, no sabía lo que decía, me arrepiento de todo, de mi incredulidad, de la dureza de mi corazón, del menosprecio por mi esposa y los pastores...* y de pronto, su nombre vino a mi mente: *Jesús, ayúdame. Jesús, sálvame. Jesús, ven a socorrerme.* En mi mente, le dije a esa presencia que se marchara en el nombre de Jesús y, entonces, como si no tuviese más remedio, como si se le hubiese estropeado el plan de acabar de una vez por todas conmigo, comenzó a soltarme del cuello. Así que, en mi mente, seguí mencionando el nombre de Jesús tanto como podía y le decía a este ser inmundo que se marchara en el nombre de Jesús. De inmediato, se levantó y se puso de pie. Se veía enorme y tapaba la poca luz que provenía de la puerta ahora abierta por completo.

Siempre me burlé de los fantasmas. Les hacía bromas a mis primas y tías con estos asuntos. Además, siempre estuve contento y orgulloso de mí mismo al ser un hombre fuerte, valiente, que no creía en este tipo de cosas. Sin embargo, allí estaba yo, tendido como un trapo a merced de esta figura enorme que ahora agachaba su enorme cabeza para salir del cuarto del mismo modo que entró. En ese momento, me dio una última mirada y se marchó.

> Tan pronto desapareció, recuperé el habla y el movimiento. Estaba temblando y empecé a llorar para mis adentros sin que pudiesen salir las lágrimas.

Tan pronto desapareció, recuperé el habla y el movimiento. Estaba temblando y empecé a llorar para mis adentros sin que pudiesen salir las lágrimas. Tomé la mano de mi esposa, la llamé por su nombre y la desperté temblando de terror. Mis ojos lo decían todo. Ella se despertó, y sin que tuviese que explicarle nada, me vio temblando y angustiado. De inmediato, sin que pudiese contarle nada sobre mi experiencia, me dijo: «Lo viste, ¿verdad?».

Me tomó con suavidad de la mano y me sacó del cuarto. Me abrazó y estuvimos así por unos minutos. Solo entonces pude llorar. Los pensamientos se agolpaban y trataba de saber si todo lo que pasaba era solo una pesadilla. Mientras reflexionaba, mi esposa me dejaba procesar todo esto con ternura, como si siempre hubiese sabido que llegaría este momento, como si siempre hubiese apostado por mi vida, por mí y nuestro ministerio.

18

UNA **ORACIÓN**
SENCILLA Y PODEROSA

Después de la experiencia que les narré en el capítulo anterior, me pude tranquilizar al fin. Entonces, Nelly se me acercó de nuevo para decirme: «Bueno, ahora que ya lo viste, es tiempo que tú mismo lo eches, que renuncies a su protección, a ese algo de fuerza extra que siempre te dio. Debes volver a ser débil para que puedas confiar en las nuevas fuerzas que te dará Dios. Tu fuerza ahora no vendrá de un demonio, sino del amor de Dios. Toda tu vida y tu ser van a cambiar desde hoy y para siempre».

Primer paso: Reconocimiento

Ante sus palabras, recordé ese día en que mi padre golpeó frente a mí a mi madre. Reviví el momento en que decidí no ser jamás la víctima. De alguna manera, acababa de hacer un pacto tácito con el infierno, dejando entrar en mí esa potestad espiritual que estuvo por generaciones en la familia de mi padre.

Arrodillado frente a Dios, con mi esposa tomada de la mano, seguí su oración al pie de la letra y lo hice con fervor, con pasión, convencido de este asunto. Le eché fuera en el nombre de Jesús a esa potestad y le conminé a no volver a entrar ni actuar en mi vida nunca más. Esa madrugada aprendí una lección de humildad. Comprendí que en el mundo espiritual hay muchas cosas que el ser humano no entiende.

> **C**uando terminé de orar, sonreí. Los ojos de mi esposa brillaban aún más, pues Dios la usó tremendamente en mi vida.

Cuando terminé de orar, sonreí. Los ojos de mi esposa brillaban aún más, pues Dios la usó tremendamente en mi vida. Me rodeó con su menudo cuerpo, que ahora me parecía enorme, así es... Nelly era para mí en ese momento, y desde entonces, una giganta en las cosas de Dios. Nos fundimos en un abrazo espiritual que perdura hasta hoy que seguimos abrazados y unidos en Dios.

Estaba amaneciendo, la luz de la playa empezaba a entrar por la ventana. Era un nuevo día espiritual y, literalmente hablando, la luz llenaba ese pequeño apartamento y con él todo mi ser. La luz de Cristo se empezaba a hacer presente en mí y lo hacía de manera total.

Con el tiempo, he visto cómo las víctimas de abuso intercambian por épocas sus papeles en esta vida. Unas veces se convierten en justicieras, personas que detestan las «injusticias» o los ataques a los débiles. En otras ocasiones, rechazan la idea de que ellas mismas son las injustas, las que atropellan, las que dañan. En mi caso, siempre tuve muy claro mi papel, siempre fui el que agredía.

Segundo paso: Liberación

No fue fácil el camino de la liberación, pero aun después he tenido que luchar cada día por retener esa paz, esa emancipación del infierno. Al fin y al cabo, esa libertad tiene que mantenerse, se debe pelear por ella sin cesar. Existen enemigos, y sobre todo el de Dios, que siempre anda husmeando a ver cuándo te toma desprevenido.

Poco a poco fui dando pasos hacia el cambio. Sin embargo, me tomó algunos años descubrir al nuevo Mario, o mejor dicho al original que estaba escondido tras una piel de odio, orgullo, ansiedad, traumas, complejos, dudas, inseguridades, soberbia y altivez.

No crea que la transformación fue de un día para otro. Aunque comprendí que el demonio se marchó, la carne quedaba contaminada, acostumbrada a ser de una manera y no sabía ser de otra. Me tocó aprender a conocerme. Por fin pude entender que podía vivir en paz, que podía ser una persona amorosa, que podía dar palabras de afirmación sin temor a que me opacara nadie. Aprendí a ver el valor de cada uno, lo diferentes que somos, lo maravillosa que es cada vida que Dios me permite tocar. Acepté que cada ser humano es maravilloso y precioso a los ojos de Dios.

La gente hoy en día me sorprende, me agrada y me gusta. Mi pasión son las personas, de manera que no temo relacionarme con ellas. Las aprecio y las puedo escuchar porque me interesa conocerlas en realidad. Aun así, no puedo decir que no caí, que no retrocedí.

Todavía recuerdo la primera vez que me disgusté y grité después de mi encuentro con esa figura horrible. Me sentí terrible, pues creí que no había pasado nada. En cambio, con el tiempo comprendí que las reacciones eran cada vez más espaciadas. Me di cuenta de que esto era un proceso, algo así como un fuerte terremoto y sus réplicas. Después de un fuerte movimiento telúrico, esas réplicas vienen de manera sistemática, pero que solo son consecuencia del movimiento mayor. Por lo tanto, uno sabe que en algún momento van a cesar.

Ahora debía andar por este camino de libertad tomado de la mano de mi fe en Jesucristo.

Así fue mi caso... mi carne estaba viciada, pero yo era un hombre libre. Ahora debía andar por este camino de libertad tomado de la mano de mi fe en Jesucristo. Después de aquel día inolvidable que vi al dueño de mi tormento en el año de 1997, las cosas han cambiado mucho. Poco a poco me fui transformado de ser una fiera a un hombre opuesto en todo. El cambio no solo fue en el aspecto de la ira. Con la ira venía el control, la amargura, el odio, la venganza, el rencor, la dureza de corazón, la carencia total de misericordia, el juicio, la murmuración, la queja, la maldición, el pesimismo, la profunda incomodidad que me causaba la felicidad de otros.

Era muy difícil vivir a mi alrededor, pues la arrogancia, la soberbia, esa falsa seguridad, no me dejaban ceder en nada. Nunca me equivocaba, siempre el culpable estaba fuera de mí. La capacidad de herir era inmensa. Con pocas palabras podía llevar a una persona a una depresión. Tanto era el estrés que vivía que me afectó la salud. Estuve enfermo por diez años del estómago. No podía comer con normalidad, pues en ocasiones hasta tomar agua me producía dolor. Así que bajé mucho de peso; incluso, llegué a pensar que esta enfermedad acabaría conmigo.

No obstante, ¡gloria a Dios! El cambio llegó para quedarse. Sé que en mis fuerzas nunca hubiese podido ser verdaderamente libre. Aun hoy en día los hombres que me conocieron en mi pasado se aterran del cambio. Dicen que soy otro y por un tiempo a muchos les costó acostumbrarse al nuevo Mario.

Hoy en día sigo pendiente de mis reacciones y de no lastimar a los que me rodean. Cometí muchos errores en el pasado y sigo equivocándome. Aunque sé muy bien que no soy para nada perfecto, es innegable que Cristo me hizo libre.

Tercer paso: Restitución

Después de la liberación espiritual viene la «descontaminación», ese acostumbrarme al nuevo yo. Un paso importante y muy doloroso es el de la restitución. Es importante anotar que este paso es muy difícil, pero necesario. Las personas amadas que fueron heridas, deben recibir la oportunidad de perdonar. Se debe ir a ellas para decirles que uno lo lamenta profundamente, y mostrarse arrepentido y con la firme decisión de no volverlo a hacer. Sin duda, esto traerá libertad a la persona ofendida y también a la víctima que estaba bajo la opresión de Satanás.

Es importante aclarar que quizá algunas personas ya no estén en nuestras vidas o no deseen perdonarnos. Con todo, no debemos tomar esto como un impedimento para continuar nuestra vida de libertad. También es verdad que hay personas llenas de rencor o con heridas muy profundas que desean dejarnos estancados y quedarse con la visión de nosotros en el pasado. Así que no debemos permitir que nada de esto nos traiga culpa a nuestra vida, pues se trata de ser mejores, de poder ser libres para servir al Reino de Dios. Se trata de tener libertad para servir, para ser útiles, para tener paz, para ser testimonio a otros.

El camino se nos muestra en el Evangelio de Lucas cuando Zaqueo se arrepiente, encuentra la verdad y comprende el tamaño de su pecado. Como resultado, desea restituir de inmediato:

> *Entonces Zaqueo, puesto en pie, dijo al Señor: He aquí, Señor, la mitad de mis bienes doy a los pobres; y si en algo he defraudado a alguno, se lo devuelvo cuadruplicado.*
>
> LUCAS 19:8

En mi caso, hablé de manera clara con mi esposa y le mostré que entendía lo que vivió y soportó a mi lado. Lo mismo hice con mis hijos y todos los que me rodean en el ministerio. Les pedí perdón y cambié de manera radical con ellos. En lo que he podido, les he mostrado el camino y les he tratado de recompensar de la mejor manera su amor, su paciencia y comprensión por mí.

> **L**o importante es no hacer cosas emotivamente, no ser guiado por impulsos carnales de la conciencia, sino ser guiados por el Espíritu de Dios en cada paso.

Lo importante es no hacer cosas emotivamente, no ser guiado por impulsos carnales de la conciencia, sino ser guiados por el Espíritu de Dios en cada paso. Esto no es un juego. Es una cosa muy seria que implica vidas, el futuro de las personas, y no debe tomarse a la ligera. Lo que se ajusta a un caso, no necesariamente resulta en todos. Así que nos deben guiar personas idóneas, profesionales, sabias y amorosas.

La oración y el ayuno son recursos muy buenos para descubrir y escuchar la voz de Dios para sus hijos. A veces salir a confesar cosas y hablar de temas olvidados con personas que no corresponde, solo agravará las situaciones. En el cambio, sin embargo, hay bendición de una manera u otra. Es más, la libertad que usted experimente les traerá libertad y paz a los que ama y le rodean. Si la restitución no es posible en este momento, empiece su nuevo camino sin ningún tipo de culpa de su parte.

LA **DESTRUCCIÓN** DE **FORTALEZAS**

Los espíritus inmundos, los demonios, las entidades de maldad, operan de muchas maneras. Lo hacen a través de pensamientos, de posesiones dentro de las personas y de su influencia maligna, lo cual crea un ambiente malsano a su alrededor. Todo esto se puede combinar de formas que ni siquiera podemos imaginar, pero que su fin es matar, robar y destruir.

Por ejemplo, si yo entablaba una charla con cualquier persona y de pronto alguien empezaba a hablar bien de otro ser humano, a recomendarlo de alguna manera, era como una ofensa personal en contra mía. De alguna forma me las arreglaba para decir algo negativo de esa persona. En mí generaba una insatisfacción tremenda que se alabara, aplaudiera o admirara a alguien, y hacía que fuera más notorio el vacío dentro de mí.

> En mí generaba una insatisfacción tremenda que se alabara, aplaudiera o admirara a alguien, y hacía que fuera más notorio el vacío dentro de mí.

No sé si la gente se daba cuenta, pero mi esposa sí. Ella empezó a decírmelo y, por supuesto, era ocasión para un disgusto más. Yo hablaba mal de las personas que no estaban presentes y disfrutaba al saber lo que decían otros de mí. De esta manera me llenaba de «combustible» para odiar y desquitarme. Contaba los secretos de otros, creaba disensión, creía que era el único que merecía elogios, y al no recibirlos en la medida que quería (*deseaba ser exaltado siempre*), atacaba a los que sí los recibían.

Quería tener amigos fieles, pero yo mismo no podía serlo. En cada relación amorosa que tuve, me sentía insatisfecho y le «pasaba» esta sensación a cada mujer que tuvo la poca fortuna de acompañarme en algún lapso de mi vida. Hacía sentir a cada persona que fuera amiga mía que nadie era suficiente. La insatisfacción es un rasgo prominente en este tipo de influencias malignas, a fin de mantener atormentadas la mente y el alma. Es el deleite de este tipo de seres espirituales.

¿Por qué contar todo esto?

Cuando me di cuenta que muy pocos hablan de estas cosas, nunca antes quise admitir en público mis errores. A muchos creyentes se les enseña a evitar estos temas, mientras que a otros les da vergüenza admitir siquiera que los puedan estar atormentando entidades espirituales de maldad.

Debo aclarar algo muy importante: no es mi deseo crear un debate doctrinal, pues hay creyentes que tienen una creencia específica sobre estos temas y no quiero ofenderles. Tampoco quiero tomar una posición teológica en concreto. Solo pretendo contar mi propia experiencia en particular que, como tal, es tan respetable como cualquiera otra. Es mi vida y por eso la cuento tal cual.

> Lo único que importa es dar a conocer la verdad, y la verdad en la vida de cada uno de nosotros es Cristo, conocerle, pero también ser libres para servirle mejor.

Como predicador, como pastor, quizá debería cuidar más las apariencias y ser más político. Sin embargo, no puedo guardar silencio, pues no importa la imagen, no importa en este caso el qué dirán. Lo único que importa es dar a conocer la verdad, y la verdad en la vida de cada uno de nosotros es Cristo, conocerle, pero también ser libres para servirle mejor.

Durante muchos años no le pude servir, ni siquiera a medias, ya que utilizaba el tiempo para estar disgustado y peleando por tonterías. Gastaba la mitad de mi vida causándoles dolores y disgustos a las personas, mientras la otra mitad de ella la invertía en disculpas, en sentirme mal. Así que no había mucho que pudiera hacer para contribuir de buena manera en la vida de las personas que amaba. Es importante que muchos que están pasando por esta experiencia sepan que hay salida, que existe la solución. Por eso lo cuento, por eso doy mi testimonio hoy.

Aclaración

Debo aclarar que nunca las vidas de Nelly ni de mis hijos estuvieron en peligro por culpa mía. Nunca golpeé a mi esposa ni la maltraté físicamente. El objetivo de este libro no es decirle a una persona, ya sea mujer u hombre, niño o niña, que conviva con una persona agresiva o dañina en potencia. Nuestra intención es aclarar que aun en casos de violencia extrema una persona puede ser libre si lo desea de veras.

Una persona puede distanciarse del agresor, preservar su vida y, sin embargo, en la distancia seguir orando e intercediendo por su vida. Nuestras armas no son de este mundo, son espirituales y destruyen el poder del maligno en nuestra existencia:

> *Las armas de nuestra milicia no son carnales, sino poderosas en Dios para la destrucción de fortalezas.*
>
> 2 CORINTIOS 10:4

EPÍLOGO

NACIDOS PARA SERVIR

Desde los cuatro años de edad, Nelly bailaba y llegó a ser parte del Ballet Nacional de Colombia. Luego, más grandecita, pasó a la televisión y al cine nacional. Así que mi esposa llegó a ser la actriz dramática más reconocida de nuestro país en su época con ganancias enormes por su talento, amada por el país televisivo y deseada por los jóvenes de ese tiempo.

Mi carrera brilló, pero nunca como la de Nelly, pues la abandoné tempranamente para seguir y servir al Señor. Renuncié a todo en el mejor momento de mi vida actoral. Quienes me conocen saben que fue así. Cuando conocí a Cristo, me enamoré perdidamente, pero también trajo claridad a mi mente. Lo cierto es que deseaba tener familia, hogar, llegar a anciano con mi esposa y el respeto de mis hijos y nietos. Sabía muy bien que en esa carrera se me dificultaría esa meta. Así que cambié mis prioridades.

> Sabía muy bien que en esa carrera se me dificultaría esa meta. Así que cambié mis prioridades.

Siempre hemos vivido una vida económica saludable. Hemos viajado y juntos hemos conocido el mundo. Hemos disfrutado de toda clase de comodidades, nos hemos hospedado en hoteles de lujo, pero también en viviendas muy humildes. Hemos paseado en yates y disfrutado todo lo que puede dar la vida con dinero. También hemos conocido la escasez y las limitaciones durante cortos períodos. A través de todo esto, debo decir que mi esposa siempre ha honrado su pacto de estar conmigo en la riqueza y en la pobreza. Nunca se quejó en esos momentos difíciles. Por el contario, me ayudó a encontrar nuevas ideas para prosperar; es decir, nunca dejó de creer en mí como su esposo y padre de sus hijos.

Tuvimos el primer programa de televisión cristiano en nuestro país. Salimos al aire a nivel nacional con un programa de testimonios de la vida real de lo que Dios puede hacer en la vida de un ser humano. Escribimos y produjimos una comedia musical con un mensaje de fe y esperanza en Dios. Esta comedia se exhibió en los teatros principales de nuestro país y fuera de él, con lo que miles entregaron su vida a Cristo.

> **M**i esposa llegó a ser miembro del Congreso Nacional de Colombia, predicando en audiencias públicas a senadores, representantes y hasta presidentes de la república.

Dictamos seminarios de actuación, hemos tenido programas de radio dando la gloria a Dios en los Estados Unidos. Mi esposa llegó a ser miembro del Congreso Nacional de Colombia, predicando en audiencias públicas a senadores, representantes y hasta presidentes de la república. Hemos predicado el evangelio por todos los lugares a los que Dios en su amor nos ha llevado. Hemos fundado algunas iglesias que hasta el día de hoy trabajan para llevar el mensaje de salvación, una de ellas está en la ciudad de Bogotá, Colombia.

En la actualidad, trabajamos en nuestra iglesia en la ciudad de Miami. Esta iglesia local crece día a día con el amor de Dios y está llena de jóvenes que aman a Cristo con todas sus fuerzas.

Nuestro ministerio pretende y trabaja día a día por conquistar ciudades enteras para Cristo, de modo que las familias se reconcilien y los padres y los hijos se unan en un proyecto de vida mayor.

Nuestros tres hijos sirven en el ministerio para la gloria de Dios y nos dedicamos todos los días a hacer discípulos de todas las naciones. Debido a nuestro origen y nuestra profesión, las artes y los medios de comunicación son muy importantes en nuestro ministerio. Nos encanta escribir y producir nuestros propios espectáculos. Por lo tanto, cada fin de año más de cien jóvenes presentan todo tipo de obras musicales para que miles conozcan del amor de Dios.

> **T**enemos planes ambiciosos en Dios para llegar hasta lo último de la tierra con su Palabra.

Tenemos planes ambiciosos en Dios para llegar hasta lo último de la tierra con su Palabra. En este momento estoy animando a mi esposa para que cuente su propia historia, el proceso en que Dios la llevó para ayudarme a ser libre por completo para amar y ser amado.

Si usted o alguien que conoce se identifican con mi historia, debo decirle que aún hay esperanza. La oración, el ayuno, la intercesión y, sobre todo, el amor, son la clave de la victoria. No desmaye, busque ayuda. No se dé por vencido, Dios puede hacer libre hoy a cualquiera.

APÉNDICE

LO QUE **NOS DICE** LA **BIBLIA**

La Biblia nos habla con claridad de la existencia de la actividad demoníaca en los seres humanos y hasta en los creyentes. Lo que yo como persona pueda decir sobre cualquier tema es de relativa importancia. Por eso mi deseo es mostrar a través de la Palabra de Dios la influencia que el mundo espiritual ha tenido, tiene y tendrá en el desarrollo de la humanidad y en los eventos que afectan cada día a las personas hasta el fin de los tiempos.

Tenga la seguridad de que llegar a este punto en mi vida espiritual me ha tomado un viaje de décadas. Es más, creer en todo esto no fue fácil. Si no hubiera sido testigo de primera mano, no lo creería. Aun habiendo presenciado cosas muy fuertes, trataba de negarlas debido a la dureza de mi corazón y al deseo profundo de que no me engañaran, ni manipularan, ni que tampoco se lo hicieran a otra persona.

> Cada vez se habla menos de estos temas para poder ir con la corriente de este mundo y yo estaría en esa misma posición si no fuera por lo que viví y padecí.

Es más fácil callar, ser políticamente correcto y no participar de estos temas, a fin de que no se nos tilde de lunático, loco, chiflado, sectario o fanático. Cada vez se habla menos de estos temas para poder ir con la corriente de este mundo y yo estaría en esa misma posición si no fuera por lo que viví y padecí. Por esta causa, decidí contar parte de mi testimonio en este libro. Como pastor cristiano, me es difícil narrar todas estas vivencias. Me imagino que muchos creyentes y pastores hermanos tendrán la misma lucha interior. ¿Hablar y arriesgarse a que le tachen de fanático en pleno siglo veintiuno o callar y quedar bien con todo el mundo?

Adentrarse en el ámbito espiritual puede ser algo terrible si se padece y sufre. El llegar a creer en estas cosas por padecerlas no es algo grato de vivir, pero el desconocerlas también nos hace presas fáciles de los enemigos que se disfrazan de ángeles de luz.

Increíblemente, en el último libro de la Biblia se nos habla del origen de todas las influencias perversas que pueblan la tierra y del desconocimiento humano. A continuación, le mostraré algunos de los pasajes de la Biblia que nos ayudan a tener mayor claridad sobre este tema. No pretendo decir que están todos incluidos, pues el material encontrado es bastante extenso. Aun así, retomé los más importantes o explicativos sobre la lucha espiritual por el cuerpo, el alma y el espíritu del ser humano.

Todo empezó en el principio

A Satanás lo expulsaron del cielo, de allí su origen. Ahora está aquí, en la tierra, en medio del ser humano, trabajando en robar, matar y destruir. Con él están sus demonios y sus ángeles caídos.

> *Así fue expulsado el gran dragón, aquella serpiente antigua que se llama Diablo y Satanás, y que engaña al mundo entero. Junto con sus ángeles, fue arrojado a la tierra.*
>
> APOCALIPSIS 12:9, NVI®

La intención del enemigo de nuestra alma

La Biblia nos deja ver a la perfección cuál es el propósito que tiene este ser maligno en medio nuestro.

> *Sed sobrios, y velad; porque vuestro adversario el diablo, como león rugiente, anda alrededor buscando a quien devorar.*
>
> 1 PEDRO 5:8

Una guerra espiritual entre mundos

Estas entidades espirituales de maldad odian lo que Dios más ama: al ser humano. Luchan de forma permanente contra el hombre y solo desean acabar con él, con su paz, su gozo, su salud y sus finanzas. Desean robarle la paz y despojarle de toda relación con Dios.

> *Porque no tenemos lucha contra sangre y carne, sino contra principados, contra potestades, contra los gobernadores de las tinieblas de este siglo, contra huestes espirituales de maldad en las regiones celestes.*
>
> EFESIOS 6:12

Las armas espirituales

Existen armas poderosísimas para que los creyentes en Jesucristo puedan enfrentar este mundo de maldad.

> *Vestíos de toda la armadura de Dios, para que podáis estar firmes contra las asechanzas del diablo.*
>
> EFESIOS 6:11

Creer en Dios no es suficiente

Una persona distraída podrá suponer que su creencia le puede salvar. Sin embargo, la fe de alguien debe estar en acción, en

servicio. Hay una guerra, es verdad, y está sucediendo ahora, en este preciso instante en que usted lee estas líneas y los desprevenidos sufren más que los que están atentos.

> *¿Tú crees que hay un solo Dios? ¡Magnífico! También los demonios lo creen, y tiemblan.*
>
> SANTIAGO 2:19, NVI®

Jesús nuestro General en la lucha

Jesús mostró con claridad su estrategia en esta guerra espiritual y echaba demonios de los seres humanos.

> *Pero si yo por el Espíritu de Dios echo fuera los demonios, ciertamente ha llegado a vosotros el reino de Dios.*
>
> MATEO 12:28

Jesús comisionó a los apóstoles para esta lucha

Con estas palabras, vemos que Jesús instruye a los apóstoles para que, entre otras cosas, echaran fuera demonios.

> *Sanad enfermos, limpiad leprosos, resucitad muertos, echad fuera demonios; de gracia recibisteis, dad de gracia.*
>
> MATEO 10:8

Jesús comisiona a más personas

En el siguiente pasaje, Jesús comisiona a setenta personas más para que ayuden en la lucha espiritual. Esta guerra espiritual es muy grande, abarca la tierra y el universo entero. La influencia de las entidades de maldad es total. Así que cada hombre cuenta, cada creyente suma y es necesario que cada uno haga su parte del trabajo.

La Iglesia debe estar preparada y ser libre a fin de poder amar y servir a Dios. Nuestro deber y nuestra obligación es ser felices y llenarnos del gozo del Señor, llevar vidas productivas y prósperas que le muestren al mundo cómo Cristo vive en nosotros. Esto lo logramos mediante buenas y armoniosas relaciones matrimoniales, el respeto en el hogar de los hijos hacia los padres, la protección y el amor de los padres hacia los hijos, el cuidado de nuestra salud y las finanzas que glorifiquen a nuestro Señor. Una prosperidad integral es muestra de que Dios habita en nosotros. Así que hay que hacer el trabajo. Por eso, Jesús nos mostró el camino.

> *Volvieron los setenta con gozo, diciendo: Señor, aun los demonios se nos sujetan en tu nombre. Y les dijo: Yo veía a Satanás caer del cielo como un rayo. He aquí os doy potestad de hollar serpientes y escorpiones, y sobre toda fuerza del enemigo, y nada os dañará. Pero no os regocijéis de que los espíritus se os sujetan, sino regocijaos de que vuestros nombres están escritos en los cielos.*
>
> LUCAS 10:17-20

Jesús expulsó demonios de sus seguidores

Algunas mujeres que caminaban con Cristo fueron libres de estas influencias malignas. Por ejemplo, María Magdalena tenía siete demonios dentro de sí.

> *Cuando Jesús resucitó en la madrugada del primer día de la semana, se apareció primero a María Magdalena, de la que había expulsado siete demonios.*
>
> MARCOS 16:9, NVI®

Y también algunas mujeres que habían sido sanadas de espíritus malignos y de enfermedades: María, a la que llamaban Magdalena, y de la que habían salido siete demonios.

LUCAS 8:2, NVI®

La reincidencia

Un ser humano puede ser libre por completo de los demonios en su existencia. No obstante, si sus hábitos, confesiones, amistades, actitudes y fe no cambian, es probable que la plaga que ocupe su casa sea peor que la anterior. En la versión Reina-Valera de 1960, este pasaje bíblico tiene el siguiente subtítulo: «El espíritu inmundo que vuelve».

Cuando el espíritu inmundo sale del hombre, anda por lugares secos, buscando reposo, y no lo halla. Entonces dice: Volveré a mi casa de donde salí; y cuando llega, la halla desocupada, barrida y adornada. Entonces va, y toma consigo otros siete espíritus peores que él, y entrados, moran allí; y el postrer estado de aquel hombre viene a ser peor que el primero. Así también acontecerá a esta mala generación.

MATEO 12:43-45

Los apóstoles continuaron con la lucha

La lucha espiritual no acabó cuando Jesús fue al cielo, pues ahí apenas empezó. La Biblia es clara al afirmarlo. El apóstol Pablo y sus discípulos siguieron echando fuera demonios.

Una vez, cuando íbamos al lugar de oración, nos salió al encuentro una joven esclava que tenía un espíritu de adivinación. Con sus poderes ganaba mucho dinero para sus amos. Nos seguía a Pablo y a nosotros, gritando:

> —*Estos hombres son siervos del Dios Altísimo, y les anuncian a ustedes el camino de salvación.*
>
> *Así continuó durante muchos días. Por fin Pablo se molestó tanto que se volvió y reprendió al espíritu:*
>
> —*¡En el nombre de Jesucristo, te ordeno que salgas de ella!*
>
> *Y en aquel mismo momento el espíritu la dejó.*
>
> *Cuando los amos de la joven se dieron cuenta de que se les había esfumado la esperanza de ganar dinero, echaron mano a Pablo y a Silas.*
>
> HECHOS 16:16-19, NVI®

> *También de los pueblos vecinos a Jerusalén acudían multitudes que llevaban personas enfermas y atormentadas por espíritus malignos, y todas eran sanadas.*
>
> HECHOS 5:16, NVI®

Los últimos días

Conforme se acerque la Segunda Venida del Señor Jesucristo, la actividad demoníaca se intensificará.

> *Son espíritus de demonios que hacen señales milagrosas y que salen a reunir a los reyes del mundo entero para la batalla del gran día del Dios Todopoderoso.*
>
> APOCALIPSIS 16:14, NVI®

Espíritus engañadores

Aun los creyentes se ablandarán cerca del fin porque la influencia del mundo y de estas potestades será muy fuerte. El miedo al rechazo y a la persecución hará que muchos callen y hasta cambien su forma de creer, pensar y actuar.

> *Pero el Espíritu dice claramente que en los postreros tiempos algunos apostatarán de la fe, escuchando a espíritus engañadores y a doctrinas de demonios.*
>
> 1 TIMOTEO 4:1

El final será claro y contundente

Jesús estableció su Iglesia como una entidad de conquista, una fuerza invasora que deberá tomar posesión un día de lo que Él rescató por ella y para ella. No somos un grupúsculo insignificante de creyentes ilusos e ignorantes que están aterrorizados frente a su enemigo. Por el contrario, somos poderosos en Dios, somos fuertes en Cristo, somos la Iglesia de Jesús.

> *Mas yo también te digo, que tú eres Pedro, y sobre esta piedra edificaré mi iglesia; y las puertas del infierno no prevalecerán contra ella.*
>
> MATEO 16:18, RVA

Por culpa de Satanás y sus demonios

Cuando el Señor Jesucristo estuvo en la tierra, nunca perdía la oportunidad de enseñarle a la gente la lucha que se lleva a cabo en el mundo espiritual, la misma en la que estamos todos. Al hablar de la obra de Satanás y sus demonios dijo:

> *El ladrón no viene sino para hurtar y matar y destruir; yo he venido para que tengan vida, y para que la tengan en abundancia.*
>
> JUAN 10:10

En mi caso, el diablo trató de destruirme a través del demonio de la ira. En su caso, ¿cómo el *ladrón* quiere destruir la suya? Recuerde que el Señor vino para que tenga vida en abundancia. Por lo tanto, mi intención con los siguientes pasajes es la de proveerle suficientes argumentos y razones bíblicas para que usted o alguien que ama pueda ser libre y gozar de la vida que Dios le ha dado en esta tierra, para que comprenda que la libertad aún es posible y que recupere la fe y la esperanza en Dios. Una vez libre, toda persona por compromiso, amor y gratitud debería llevar este mensaje a los necesitados. Hay mucha gente enferma, dañada, atormentada. Sin embargo, los obreros, los que trabajan, son todavía muy pocos. Hoy en día, Satanás puede entrar, poseer e influir en personas, animales y cosas.

GÉNESIS

Por culpa de Satanás y sus demonios... el ser humano salió de la presencia de Dios y murió

Pero la serpiente era astuta, más que todos los animales del campo que Jehová Dios había hecho; la cual dijo a la mujer: ¿Conque Dios os ha dicho: No comáis de todo árbol del huerto? Y la mujer respondió a la serpiente: Del fruto de los árboles del huerto podemos comer; pero del fruto del árbol que está en medio del huerto dijo Dios: No comeréis de él, ni le tocaréis, para que no muráis. Entonces la serpiente dijo a la mujer: No moriréis; sino que sabe Dios que el día que comáis de él, serán abiertos vuestros ojos, y seréis como Dios, sabiendo el bien y el mal. Y vio la mujer que el árbol era bueno para comer, y que era agradable a los ojos, y árbol codiciable para alcanzar la sabiduría; y tomó de su fruto, y comió; y dio también a su marido, el cual comió así como ella. Entonces fueron abiertos los ojos de ambos, y conocieron que estaban desnudos; entonces cosieron hojas de higuera, y se hicieron delantales.

Y oyeron la voz de Jehová Dios que se paseaba en el huerto, al aire del día; y el hombre y su mujer se escondieron de la presencia de Jehová Dios entre los árboles del huerto. Mas

Jehová Dios llamó al hombre, y le dijo: ¿Dónde estás tú? Y él respondió: Oí tu voz en el huerto, y tuve miedo, porque estaba desnudo; y me escondí. Y Dios le dijo: ¿Quién te enseñó que estabas desnudo? ¿Has comido del árbol de que yo te mandé no comieses? Y el hombre respondió: La mujer que me diste por compañera me dio del árbol, y yo comí. Entonces Jehová Dios dijo a la mujer: ¿Qué es lo que has hecho? Y dijo la mujer: La serpiente me engañó, y comí. Y Jehová Dios dijo a la serpiente: Por cuanto esto hiciste, maldita serás entre todas las bestias y entre todos los animales del campo; sobre tu pecho andarás, y polvo comerás todos los días de tu vida.

GÉNESIS 3:1-14

MATEO

Por culpa de Satanás y sus demonios... dos hombres actuaban como fieras

Cuando llegó a la otra orilla, a la tierra de los gadarenos, vinieron a su encuentro dos endemoniados que salían de los sepulcros, feroces en gran manera, tanto que nadie podía pasar por aquel camino. Y clamaron diciendo: ¿Qué tienes con nosotros, Jesús, Hijo de Dios? ¿Has venido acá para atormentarnos antes de tiempo? Estaba paciendo lejos de ellos un hato de muchos cerdos. Y los demonios le rogaron diciendo: Si nos echas fuera, permítenos ir a aquel hato de cerdos. Él les dijo: Id. Y ellos salieron, y se fueron a aquel hato de cerdos; y he aquí, todo el hato de cerdos se precipitó en el mar por un despeñadero, y perecieron en las aguas. Y los que los apacentaban huyeron, y viniendo a la ciudad, contaron todas las cosas, y lo que había pasado con los endemoniados. Y toda la ciudad salió al encuentro de Jesús; y cuando le vieron, le rogaron que se fuera de sus contornos.

MATEO 8:28-34

Por culpa de Satanás y sus demonios... un hombre era mudo

Mientras salían ellos, he aquí, le trajeron un mudo, endemoniado. Y echado fuera el demonio, el mudo habló; y la gente se maravillaba, y decía: Nunca se ha visto cosa semejante en Israel. Pero los fariseos decían: Por el príncipe de los demonios echa fuera los demonios.

MATEO 9:32-34

Por culpa de Satanás y sus demonios... Jesús disciplina al apóstol Pedro

Pero él, volviéndose, dijo a Pedro: ¡Quítate de delante de mí, Satanás!; me eres tropiezo, porque no pones la mira en las cosas de Dios, sino en las de los hombres.

MATEO 16:23

MARCOS

Por culpa de Satanás y sus demonios... Jesús es tentado

Y luego el Espíritu le impulsó al desierto. Y estuvo allí en el desierto cuarenta días, y era tentado por Satanás, y estaba con las fieras; y los ángeles le servían.

MARCOS 1:12-13

Por culpa de Satanás y sus demonios... un hombre es poseído

Y entraron en Capernaum; y los días de reposo, entrando en la sinagoga, enseñaba. Y se admiraban de su doctrina; porque les enseñaba como quien tiene autoridad, y no como los escribas. Pero había en la sinagoga de ellos un hombre con espíritu inmundo, que dio voces, diciendo: ¡Ah! ¿qué tienes con nosotros, Jesús nazareno? ¿Has venido para destruirnos? Sé quién eres, el Santo de Dios. Pero Jesús le reprendió, diciendo: ¡Cállate, y sal de él! Y el espíritu inmundo, sacudiéndole con violencia, y clamando a gran voz, salió de él. Y todos se asombraron, de tal manera que discutían entre sí, diciendo: ¿Qué es esto? ¿Qué nueva doctrina es esta, que con autoridad manda aun a los espíritus inmundos, y le obedecen? Y muy pronto se difundió su fama por toda la provincia alrededor de Galilea.

MARCOS 1:21-28

Por culpa de Satanás y sus demonios... multitudes estaban enfermas y endemoniadas

Cuando llegó la noche, luego que el sol se puso, le trajeron todos los que tenían enfermedades, y a los endemoniados; y toda la ciudad se agolpó a la puerta. Y sanó a muchos que estaban enfermos de diversas enfermedades, y echó fuera muchos demonios; y no dejaba hablar a los demonios, porque le conocían.

MARCOS 1:32-34

Por culpa de Satanás y sus demonios... un joven se quería suicidar

Cuando llegó a donde estaban los discípulos, vio una gran multitud alrededor de ellos, y escribas que disputaban con ellos. Y en seguida toda la gente, viéndole, se asombró, y corriendo a él, le saludaron. Él les preguntó: ¿Qué disputáis con ellos? Y respondiendo uno de la multitud, dijo: Maestro, traje a ti mi hijo, que tiene un espíritu mudo, el cual, dondequiera que le toma, le sacude; y echa espumarajos, y cruje los dientes, y se va secando; y dije a tus discípulos que lo echasen fuera, y no pudieron. Y respondiendo él, les dijo: ¡Oh generación incrédula! ¿Hasta cuándo he de estar con vosotros? ¿Hasta cuándo os he de soportar? Traédmelo. Y se lo trajeron; y cuando el espíritu vio a Jesús, sacudió con violencia al muchacho, quien cayendo en tierra se revolcaba, echando espumarajos. Jesús preguntó al padre: ¿Cuánto tiempo hace que le sucede esto? Y él dijo: Desde niño. Y muchas veces le echa en el fuego y en el agua, para matarle; pero si puedes hacer algo, ten misericordia de nosotros, y ayúdanos. Jesús le dijo: Si puedes creer, al que cree todo le es posible. E inmediatamente el padre del muchacho clamó y dijo: Creo; ayuda mi incredulidad. Y cuando Jesús vio que la multitud se agolpaba, reprendió al espíritu inmundo, diciéndole: Espíritu mudo y sordo, yo te mando, sal de él, y no entres más en él. Entonces el espíritu, clamando y sacudiéndole con violencia, salió; y él quedó como muerto, de modo que muchos decían: Está muerto. Pero Jesús, tomándole de la mano, le enderezó; y se levantó. Cuando él entró en casa, sus discípulos le preguntaron aparte: ¿Por qué nosotros no pudimos echarle fuera? Y les dijo: Este género con nada puede salir, sino con oración y ayuno.

MARCOS 9:14-29

LUCAS

Por culpa de Satanás y sus demonios... las multitudes estaban atormentadas y enfermas

Y descendió con ellos, y se detuvo en un lugar llano, en compañía de sus discípulos y de una gran multitud de gente de toda Judea, de Jerusalén y de la costa de Tiro y de Sidón, que había venido para oírle, y para ser sanados de sus enfermedades; y los que habían sido atormentados de espíritus inmundos eran sanados. Y toda la gente procuraba tocarle, porque poder salía de él y sanaba a todos.

LUCAS 6:17-19

Por culpa de Satanás y sus demonios... Jesús nos mostró toda la estrategia

Estaba Jesús echando fuera un demonio, que era mudo; y aconteció que salido el demonio, el mudo habló; y la gente se maravilló. Pero algunos de ellos decían: Por Beelzebú, príncipe de los demonios, echa fuera los demonios. Otros, para tentarle, le pedían señal del cielo. Más él, conociendo los pensamientos de ellos, les dijo: Todo reino dividido contra sí mismo, es asolado; y una casa dividida contra sí misma, cae. Y si también Satanás está dividido contra sí mismo, ¿cómo permanecerá su reino? ya que decís que por Beelzebú echo yo fuera los demonios. Pues si yo echo fuera los demonios por Beelzebú, ¿vuestros hijos por quién los echan? Por tanto, ellos serán vuestros jueces. Mas si por el dedo de Dios echo yo fuera los demonios, ciertamente el reino de Dios ha llegado a vosotros. Cuando el hombre fuerte armado guarda su palacio, en paz está lo que posee. Pero cuando viene otro más fuerte que él y le vence, le quita todas sus armas en que confiaba, y reparte el botín. El que no es conmigo, contra mí es; y el que conmigo no recoge, desparrama. Cuando el espíritu inmundo sale del hombre, anda por lugares secos, buscando reposo; y no hallándolo, dice: Volveré a mi casa de donde salí. Y cuando llega, la halla barrida y adornada. Entonces va, y toma otros siete espíritus peores que él; y entrados, moran allí; y el postrer estado de aquel hombre viene a ser peor que el primero.

LUCAS 11:14-26

JUAN

Por culpa de Satanás y sus demonios... Judas traiciona a Jesús

> *Habiendo dicho Jesús esto, se conmovió en espíritu, y declaró y dijo: De cierto, de cierto os digo, que uno de vosotros me va a entregar. Entonces los discípulos se miraban unos a otros, dudando de quién hablaba. Y uno de sus discípulos, al cual Jesús amaba, estaba recostado al lado de Jesús. A éste, pues, hizo señas Simón Pedro, para que preguntase quién era aquel de quien hablaba. Él entonces, recostado cerca del pecho de Jesús, le dijo: Señor, ¿quién es? Respondió Jesús: A quien yo diere el pan mojado, aquél es. Y mojando el pan, lo dio a Judas Iscariote hijo de Simón. Y después del bocado, Satanás entró en él. Entonces Jesús le dijo: Lo que vas a hacer, hazlo más pronto. Pero ninguno de los que estaban a la mesa entendió por qué le dijo esto. Porque algunos pensaban, puesto que Judas tenía la bolsa, que Jesús le decía: Compra lo que necesitamos para la fiesta; o que diese algo a los pobres. Cuando él, pues, hubo tomado el bocado, luego salió; y era ya de noche.*
>
> JUAN 13:21-30

Libres por el amor de Dios

Como podrá apreciar en los pasajes anteriores, la lucha es tenaz, persistente. Dios ama su creación, pero lo que más ama es al ser humano. El pasaje más anunciado por los creyentes dice:

> *Porque de tal manera amó Dios al mundo, que ha dado a su Hijo unigénito, para que todo aquel que en él cree, no se pierda, mas tenga vida eterna.*
>
> JUAN 3:16

En otras palabras, Dios amó tanto a la humanidad que entregó a Jesús en rescate por ella. Dios dio a su único Hijo y se entregó a sí mismo por usted y por mí a fin de que algún día podamos volver a su presencia y habitar por siempre junto a Él.

Toda persona que cree en Jesús y le confiesa como su Señor y Salvador, tendrá este regalo eternamente. No obstante, mientras viva en esta tierra podrá gozar de los beneficios de ser libre y prosperar en las cosas que se proponga de acuerdo con la voluntad de Dios.

Yo soy un testimonio viviente de una vida renovada, cambiada y transformada para la gloria de Dios. Perdí algunos años por ignorancia, por obstinación, por terquedad y ceguera espiritual, pero aun así Dios utilizó mi dureza para ayudar a muchos que con mi cambio hoy pueden glorificar su nombre y seguirle solo a Él. Yo soy un testimonio que habla, camina y respira para decir que cualquiera que sea la circunstancia en la que viva un ser humano, Dios desea ayudarle y darle la fortaleza para superarla. Estamos unidos a Él por la eternidad.

ACERCA DEL AUTOR

Mario Ferro, nacido en Bogotá, Colombia, cursó estudios de actuación en la Escuela de Arte Dramático de Bogotá. Fue actor profesional, callejero, de las tablas y de la radio. Realizó innumerables novelas y series de televisión. Además, fue galán durante quince años. Un día conoció el evangelio por medio de Nelly Moreno, una de las actrices más cotizadas de su país, quien hoy es su esposa. Mario y Nelly son padres de tres hijos: Daniela, David y Camila. Su vida cambió de manera radical al conocer a Jesucristo y abrazar la fe. Sus decisiones por Jesús le llevaron a abandonar la actuación, la cual era su pasión hasta ese momento. Sin embargo, Jesús le dio un verdadero propósito a su vida, por lo que desde entonces sirvió en su iglesia local como evangelista y fundó el Ministerio WWJD, por sus siglas en inglés de *Walking With Jesus Daily* [Caminando con Jesús diariamente]. Más tarde, viajó a Miami, Estados Unidos, donde hoy está radicado, y pastorea la iglesia del mismo nombre.

WWJD es un ministerio de alcance internacional dedicado a la expansión del evangelio a través del discipulado, cumpliendo con el mandato del Señor Jesucristo sobre ir al mundo entero y hacer discípulos.

Con sedes en los Estados Unidos y Colombia, el ministerio WWJD, por sus siglas en inglés de *Walking With Jesus Daily* [Caminando con Jesús diariamente], se fundó hace más de dieciocho años por Mario Ferro y Nelly Moreno. Su énfasis está en la transformación del individuo a partir del nuevo nacimiento, el caminar con cada persona a diario, conocer sus luchas, sus orígenes y a través del perdón, a fin de producir un cambio para el servicio del Reino.

Aun después de conocer la verdad del evangelio, el ser humano puede sentirse sin propósito y atravesar momentos de mucha oscuridad. Contar con alguien espiritual en ese momento puede ser un factor determinante en el crecimiento del cristiano. Además, es una ayuda invaluable disponer de un mentor, líder, discipulador o maestro. El ministerio sabe de esto y se ha propuesto que cada creyente tenga a alguien en su vida hasta que se pueda desenvolver y convertir en un líder que, a su vez, ayude a otros en sus propios procesos.

WWJD ha entrado en una etapa de expansión, los años dedicados a sembrar en la vida de sus líderes han empezado a dar fruto y vemos cómo el ministerio se está extendiendo a otras ciudades y países. Cada oveja que viaja por diversas razones, desea que haya una iglesia de WWJD en su lugar de trabajo. Por eso entendemos que la formación de líderes es fundamental en el desarrollo de cualquier ministerio. No solo se trata del crecimiento numérico, sino también de tener el verdadero fundamento para un crecimiento real. El trabajo a veces parece lento, pero con el tiempo y la paciencia toda siembra da sus frutos.

Durante dieciocho años se trabajó en silencio, pero hoy ha llegado el día de salir a trabajar con mayor ahínco. El mundo está cambiando de manera rápida y radical. Por lo tanto, ahí es donde se debe ver la obra de la verdadera Iglesia de Jesucristo. Esto lo pone de manifiesto el alcalde Luigi Boria al decir que «nos sentimos bendecidos por el apoyo espiritual y la ayuda que el pastor Mario brinda a la ciudad del Doral y otras comunidades [...] por eso pienso que Mario Ferro y su esposa, Nelly, están haciendo un trabajo excelente».

Hay esperanza para vencer nuestros problemas, por eso debemos cumplir con nuestra misión de darle a conocer al mundo la luz que debe brillar en medio de las tinieblas. A eso nos dedicamos y lo seguiremos haciendo con la ayuda de nuestro buen Señor.

Para más información, visítenos en:

http://www.wwjdchurch.com

MARIO FERRO...
ANTES Y DESPUÉS

Mario a los cinco años

El abuelo Luis y un
primo de Mario

Mario a los diecinueve años cuando ya era modelo

Mario a los veinte años mientras actuaba
en una novela colombiana

Nelly Moreno en la época en que conoció a Mario, su esposo

Boda de Mario y Nelly

La historia de Mario Ferro continúa al predicar el evangelio «para testimonio a todas las naciones» (Mateo 24:14)

Mario y Nelly en la actualidad